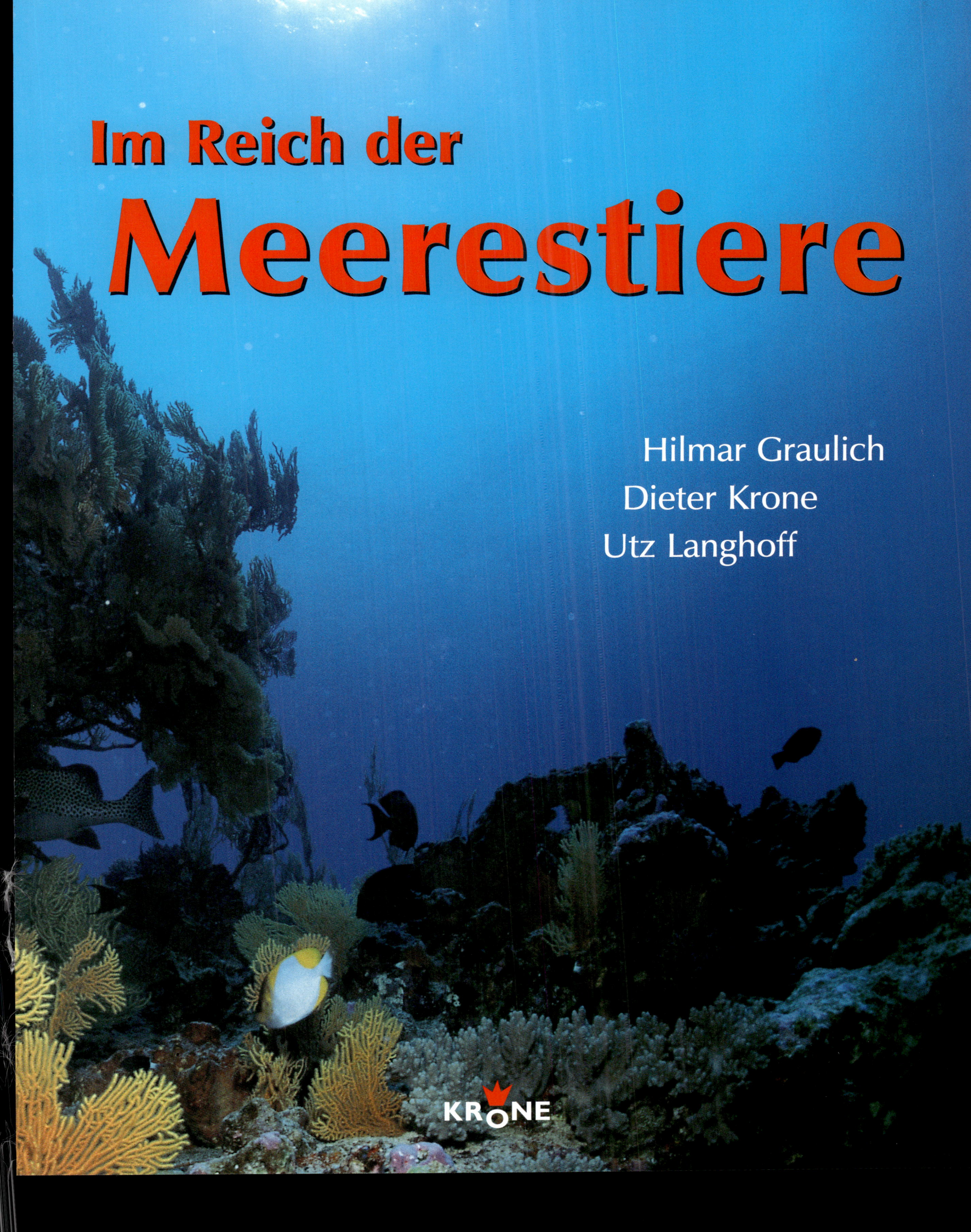

Im Reich der
Meerestiere

Hilmar Graulich
Dieter Krone
Utz Langhoff

KRONE

Die Deutsche Bibliothek - CIP - Einheitsaufnahme
Im Reich der Meerestiere [Hrsg. Dieter Krone] 1. Aufl.-Leichlingen
Krone, 1998
ISBN 3-933241-06-5

1. Auflage 1998
© 1998 by Dieter Krone Verlag, Waldstr. 2 a, D-42799 Leichlingen
Printed in Germany
Herausgeber: Dieter Krone, Leichlingen/Rhld.
Idee, Konzeption & Text: Dieter Krone
Bildautoren: Hilmar Graulich, Dieter Krone, Utz Langhoff
Litho: Light Werk, Eckhard Grote, Hille/Minden
Layout, Satz & Gestaltung: Kathrin Grote
Druck: Druckerei Uhl, Radolfzell am Bodensee

ISBN: 3-933241-06-5

Dieses Buch wurde gedruckt auf 100% chlorfrei gebleichtem Papier gemäß TCF-Norm.

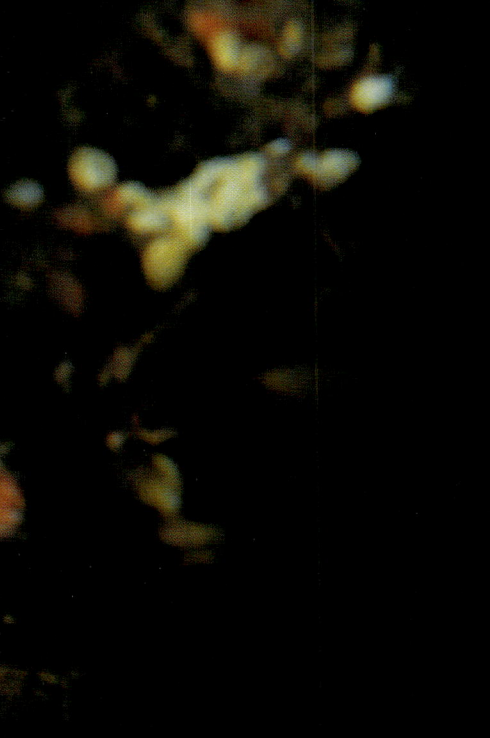

Inhalt

Liebe Leserin, lieber Leser,

drei begeisterte Tauchsportfreunde und Unterwasser-
fotografen nehmen das Jahr 1998 - das die Vereinten
Nationen zum "Jahr des Ozeans" erklärt haben - als
Anlaß, ihre fotografischen und auf Zelluloid gebrachten
Erinnerungen an das Meer mit all seinen verschiedenen
Bewohnern einem größeren Kreis von Naturliebhabern
vorzustellen.

Nicht umsonst haben die Vereinten Nationen auf die
Notwendigkeit für einen verstärkten Schutz der Meere
hingewiesen. Das ist gut so!

Durch die Rohstoff-Ausbeutung der Meere und die
Schadstoffeinleitungen werden auch die in ihr vorkommenden Lebewesen nicht unerheblich belastet. Inzwischen sind selbst die entlegeneren Winkel unseres wundervollen blauen Planeten davon betroffen. Es bleibt zu
hoffen, daß wir im eigenen und im Interesse nachfol-
gender Generationen behutsam mit der Schatzkammer
Ozean umgehen.

Die Fotos in dem vorliegenden Bildband sind das Ergeb-
nis aus mehr als 2o Jahren Tauchsport- und Fotopraxis
der Autoren. Mit dem vorliegenden Bildband möchten
wir Ihnen einen Einblick in das Reich der Meerestiere
verschaffen, die in unglaublicher Artenvielfalt den
"Planeten Meer" bewohnen. In allen Farben des Regenbogens und in unterschiedlichsten Formen begegnen
sie uns, wenn wir sie als Gäste auf Zeit in den Gärten
Neptuns besuchen.

Begleiten Sie uns doch einfach auf eine gemeinsame
Reise in die faszinierende und geheimnisvolle Welt der
Meeresbewohner!

Ihr

Dieter Borne

Einleitung

Wenn man einmal berücksichtigt, daß die Ozeane zwei Drittel der gesamten Erdoberfläche einnehmen, wird klar: Die Weltmeere sind der deutlich größte Lebensraum, den unser blauer Planet zu bieten hat.

Die Wunderwelt unter der Wasseroberfläche der Ozeane ist in weiten Teilen noch unerforscht und hält auch heute noch ständig Überraschungen bereit. So ist das größte Bauwerk der Welt - das große Barriereriff vor Australien mit einer Länge von mehr als 2.ooo Kilometern - von Milliarden von winzigen Korallenpolypen errichtet worden. Wahrlich eine Meisterleistung der Natur!

Diese und andere bemerkenswerte Tatsachen waren für meine Tauchsportfreunde und Unterwasserfotografen schon seit Jahrzehnten Grund genug, die Schatzkammer Ozean mit gebotener Umsicht und Vorsicht zu bestaunen. Wann und wo immer sich die Gelegenheit bot, haben wir unsere Unterwassererlebnisse mit der Kamera eingefangen und uns an den stillen Wundern, die uns die Weltmeere auf vielen Reisen bescherten, erfreut.

Unvergessen sind die Zeiten, als wir unsere Kameras für jeden "Schuß" noch manuell einstellen mußten, wenn wir erst die Seen und Baggerlöcher, später dann die Meere aufsuchten! Begriffe wie Autofocus, TTL-Messung oder Elektronenblitz waren damals noch fremd. Wenn wir mit dem Kolbenblitz arbeiteten, mußten wir noch häufig unsere dafür benötigten Blitzbirnen "schälen", denn ihre blaue Beschichtung war einfach nicht für den Unterwassereinsatz geeignet, da sich mit ihnen keine natürlichen Farben erzielen ließen.

Inzwischen geht das gottlob alles ein bißchen einfacher und schneller! Doch wenn auch die Fototechnik und das Filmmaterial deutlich verbessert wurden, so kam es - damals wie heute - entscheidend darauf an, die Motive ins rechte Licht zu rücken.

Die überreiche Arten- und Formenvielfalt insbesondere der tropischen Meere, hat uns stets fasziniert und wird uns noch hoffentlich viele Jahre begeistern. So gesehen lag es nah, unsere Fotoschätze dem interessierten Naturliebhaber, Sporttaucher und Unterwasserfotografen mit diesem Bildband zugänglich zu machen.

Es ist unser Wunsch, dem Leser einen Einblick in die wundervolle Formen- und Farbenwelt der Meere zu verschaffen. Dabei ist es uns wichtig, die facettenreiche Artenvielfalt im Lebensraum der Meerestiere - von den kleinen Garnelen bis hin zu den großen Walhaien - in loser Folge darzustellen. Die Angaben, Daten und Ergebnisse sind dabei von den Autoren nach bestem Wissen erstellt und geprüft worden; erheben aber nicht den Anspruch auf Vollständigkeit.

*Vor den Malediveninseln
findet man herrliche
Tauchgründe.*

In erster Linie kam es uns darauf an, die Meeresbewohner mit ihren besonderen Lebens- und Überlebensformen vorzustellen, wobei anzumerken ist, daß einige Arten noch nicht wissenschaftlich erfaßt und beschrieben sind.

Das Leben im tropischen Meer ist bunt und vielfältig. Nirgendwo leben so viele Tiere auf so engem Raum wie innerhalb eines Korallenriffs.

Das ganze Spektrum eines komplizierten Artengefüges wird in Ansätzen deutlich, und manch einem Zeitgenossen wird endgültig klar:

Das, was wir wissen, ist so vie wie ein Tropfen - das, was wir nicht wissen, so vie wie ein Ozean.!

Korallenriffe

Die Korallenriffe der tropischen Meere, die ein empfindliches Ökosystem darstellen, sind in Jahrtausenden entstanden. Grundlage dafür sind Wassertemperaturen von ca. 20 - 30 Grad Celsius, die den Beginn der Nahrungskette durch das mikroskopisch kleine Phytoplankton auslösen, das durch die Strömung an das Riff herangeführt wird. Sauerstoff und Sonnenlicht begünstigen den Aufbau der Riffe, deren Erbauer Milliarden winziger Korallenpolypen sind. Diese bilden Kalkskelette, die den Riffaufbau bilden. Nur die Steinkorallen sind die eigentlichen Riffbauer; Weich- und Lederkorallen sind nicht riffbildend.

Typische Unterwasserlandschaft
mit Horn- und Steinkorallen

*Fächerartige Feuerkorallen
mit Blasenanemonen
und Juwelenbarsch*

*Herrliche Unterwasserlandschaft
im tropischen Meer*

*Riffbildende Steinkorallen aus der Nähe betrachtet, die in unterschiedlichsten Formen, Farben und Strukturen
besonders artenreich in den tropischen Meeren anzutreffen sind.*

Verschiedene Steinkorallenstrukturen (Nahaufnahmen)

*Die nicht riffbildenden Hornkorallen präsentieren sich
in einer unglaublichen und vielfältigen Farbenpracht.*

Die herrlichen Unterwassergärten tropischer
Meere mit ihren verschiedenen Korallenarten begeistern durch ihren Farben- und Formenreichtum.
In der Nacht sind die winzigen, oft nur wenige Millimeter großen Polypen der Hornkorallen ausgebrei-
tet um Nahrung aus dem Wasser zu filtern.

Die Seepeitschen (Ellisella sp.) mit ihren aus-
gebreiteten Polypen gehören zu den Hornkorallen, die oft in Gelb-, Orange- oder Rot-
tönen im Riff anzutreffen sind. Ihre winzigen, oft nur wenige Millimeter großen,
meist weißen Polypen, filtern Plankton aus
dem Wasser.

Eher selten sind die lilafarbenen
Polypen dieser Hornkorallenart.
Meistens sehen diese weiß aus.

Eine Peitschenkorallen-Zwerg-
grundel (Bryaninops youngei)
hat sich auf der Peitschen-
Dörnchenkoralle (Antipathes
sp.) niedergelassen, 2,5 cm,
Sulawesi/Indonesien

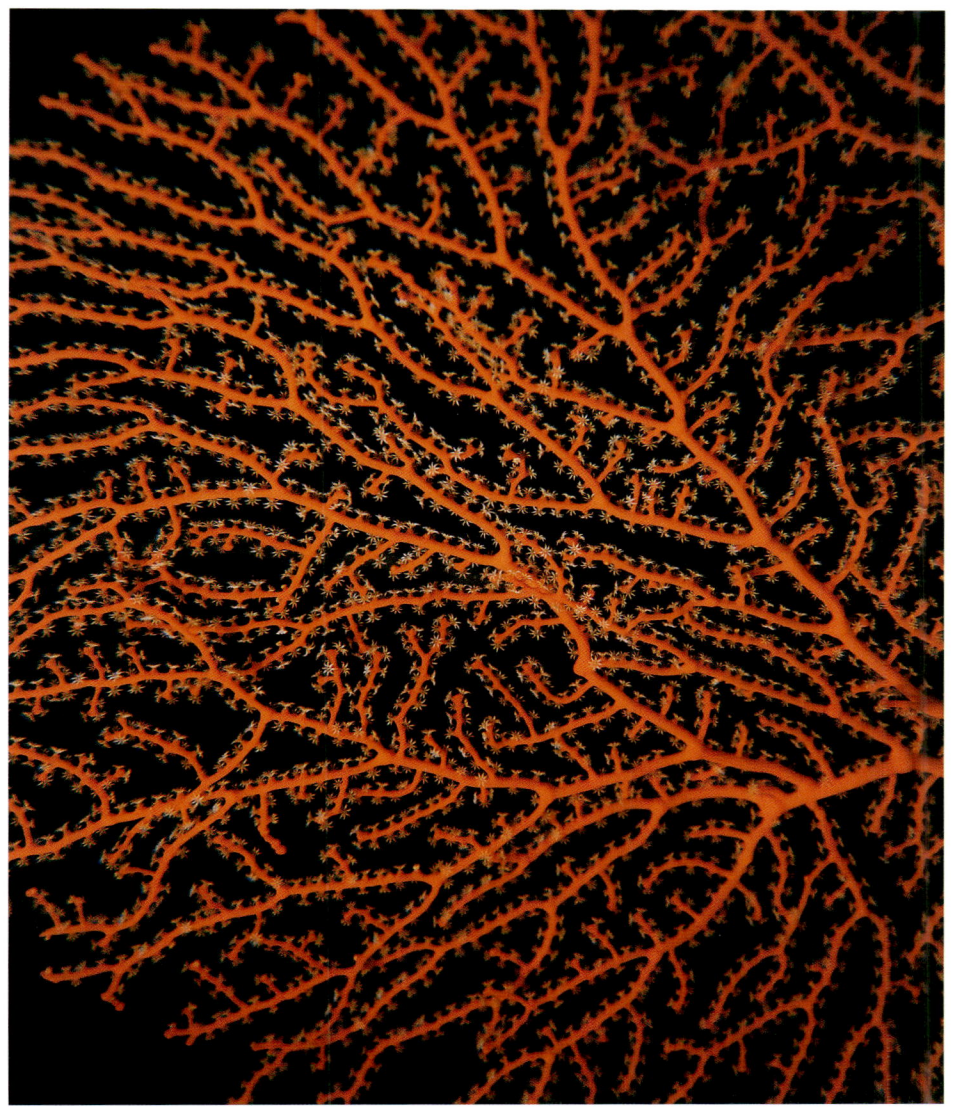

Verschiedene Hornkorallen sind in zarten bis kräftigen Farbtönen in allen tropischen Meeren anzutreffen. Sie sind flexibel und gleichzeitig widerstandsfähig. Die fragilen Schönheiten haben ihre Hornskelette mit Kalkablagerungen verstärkt um auch bei starken Strömungen keinen Schaden zu erleiden.

Weichkorallen
(Alcyonaria)

In allen Farbschattierungen trifft man die Weichkorallen in den tropischen Meeren an. Die bäumchenartigen Gebilde sind oft transparent. Gut erkennbar sind dann die Kalknadeln, die den Korallen zusätzliche Stabilität verleihen.

Einem malerischen
Farbklecks gleich
haben sich Weich-
korallen und verschie-
dene Schwämme auf
einem Korallenblock
angesiedelt.

Weichkoralle und Röhrenschwamm

In den Ruhephasen können Weichkorallen
durch Minderung des Innendrucks schrump-
fen. Werden sie besonders in
den nährstoffreichen Strömungsperioden
wieder aktiv, können sie mit speziellen
Polypen den Wasserinnendruck wieder
erhöhen und "erblühen" dann wieder zu
voller Schönheit.

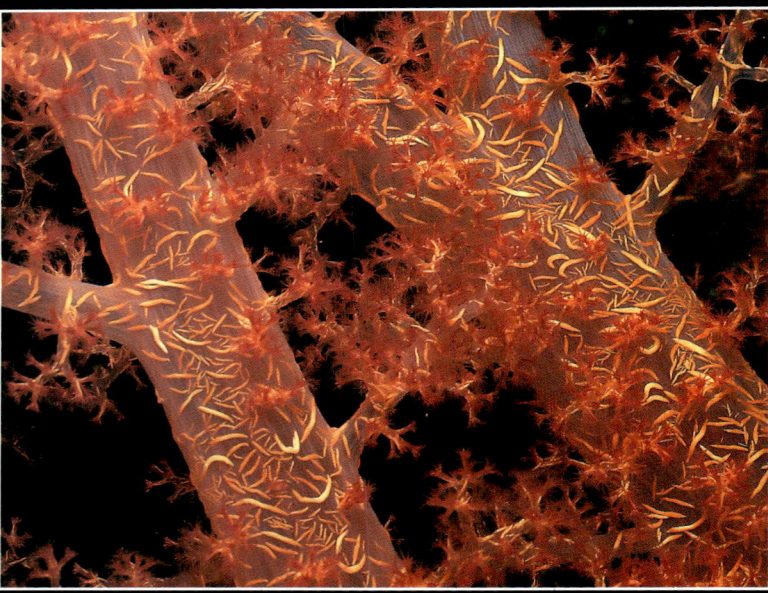

Deutlich sind die Kalkablagerungen (Kalknadeln) in den Weichkorallen zu erkennen, die zur Stabiliät der Blumentiere beitragen.

Weichkorallen und ihre Polypen, die Plankton mit Hilfe ihrer Nessel- und Klebekapseln zur Nahrungsaufnahme aus dem Wasser fischen können.

Beim Riffaufbau spielen Weichkorallen keine Rolle. Die in den unterschiedlichsten Farbschattierungen vorkommenden Blumentiere verdanken ihren Namen den blumenartigen und fotogenen acht- strahlingen Octocorallia- oder auch sechsstrahligen Hexokorallia-Poly- pen. In den Anfängen war sich die Wissenschaft bei der Bestimmung noch nicht über die Artenzuordnung einig. Einige Forscher wollten diese Korallen zu den Tieren andere zu den Pflanzenarten einreihen. So kam man - der Überliefung zu folge - auf den hübschen Wortbegriff der „Blumentiere", der diese Gattung auch damit am besten beschreibt.

Orangefarbene Weichkorallen mit kleinen Röhrenschwämmen

Weichkorallenpolypen

Im tropischen Korallengarten der Malediven

32

Dornenkronen, die eine Tischkoralle abweiden

Seesterne
(Asteriodea)

Dornenkronen-Seesterne gelten als berüchtigte Korallenfresser und haben immer dort, wo sie in Massen auftreten, ganze Riffgebiete verwüstet. Die größten Exemplare erreichen einen Durchmesser von bis zu 60 cm und besitzen manchmal mehr als 20 Arme. Ihre Beute sind die Korallenpolypen. Die Seesterne können, wie andere Artverwandte auch, ihren Magen ausstülpen und mit den Verdauungsenzymen die Korallenpolypen auflösen und sie so regelrecht aufsaugen. Natürliche Freßfeinde - außer dem Tritonshorn, einer ebenso großen Schnecke - kennen die wehrhaften Tiere kaum, zumal ihre Dornen von einer Haut überzogen sind, die einen giftigen Schleim ausscheidet.

Gefährliche und giftige Schönheit im Riff: Die Dornenkrone (Acanthaster planci), die teilweise als Riffplage angesehen wird.

Detailaufnahme eines Dornenkronenarms.

Die hübschen Seesterne kommen in unterschiedlichsten Formen und Farben in den Riffen vor. Vielfach sind Muscheln ihre bevorzugte Beute, die sie mit grossem Kraftaufwand und mit Hilfe ihrer unzähligen mit Saugnäpfen ausgestatteten Ambulakralfüßchen "knacken" können.

Ägypterseestern
(Gomophia egyptiaca),
10 cm, Rotes Meer/Ägypten

Seltener blauer Rund-
armseestern, 15 cm,
Sulawesi/Borneo

Gemeiner
Seestern, 20 cm,
Mittelmeer

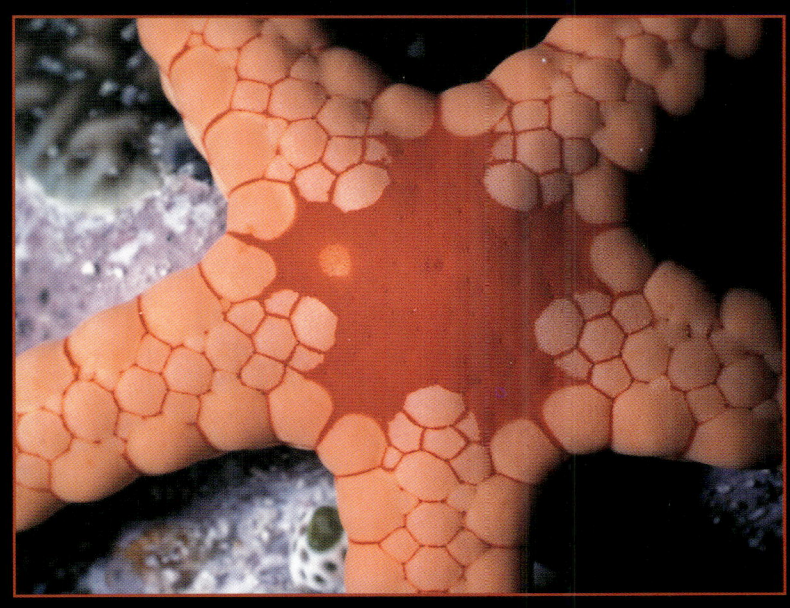

Bildausschnitt des
Roten Maschensterns
(Fromia monilis),
10 cm, Malediven

Räuberischer Fünfeck-
seestern, 20 cm,
Malediven

Seestern,
18 cm,
Malediven

Armloser Kissenstern, (Culcita Schmiedliana), der durch seine halbkugelige Form und den kurzen, kegelförmigen Stacheln auffällt

Unterseite des gleichen Seesterns, der bis zu 25 cm im Durchmesser groß werden kann

Seesterne
(Asteriodea)

Seesterne kommen in einem großen Spektrum von Farben, Formen und Grössen vor. Viele von ihnen sind Räuber und ernähren sich von Muscheln, Pflanzen oder Überresten von Tieren. Der Mund befindet sich in der Mitte der Unterseite; der After auf der Oberseite. An der Unterseite ihrer Arme verlaufen Furchen mit vielen kleine Saugfüßchen. Mit ihrer Hilfe kann sich der Seestern gut festhalten oder die Fähigkeit nutzen, z.B. Muscheln zu „knacken".

Gekörnte Kissensterne (choriaster granulatus) weisen noch erkennbare plumpe und dicke Arme auf, 20 cm, Malediven

Armloser Kissenstern, 15 cm, Malediven

Vielarmiger Sonnenstern,
35 cm, Baja California.

Seeigel
(Echinoidea)

Seeigel kommen in unterschiedlichsten Größen vor. Häufig sind sie in der Gezeitenzone anzutreffen. Ihre Stacheln - wirkungsvolle Verteidigungswaffen - können auch bei Menschen starke Schmerzen hervorrufen, wenn sie sich durch die Haut bohren und schnell abbrechen. In der Ökologie der Rifflebensgemeinschaft spielen sie eine wichtige Rolle. Seeigel haben - bis auf Drückerfische - wenige Freßfeinde. Diese wenden einen Trick an, wie sie die Seeigel im wahrsten Sinne des Wortes auf's Kreuz legen: Durch einen gezielten Wasserstrahl, den sie im Maul bilden, bringen sie die Seeigel in die Rückenlage und greifen die dann wehrlosen Tiere von unten an. Gegen das kräftige Gebiß der Drückerfische haben die Seeigel keine Chance.

Der Feuerseeigel (Asthenosoma varium) besitzt zahlreiche Giftstacheln, mit denen er sich vor Feinden schützt, 12 cm, Sulawesi/Indonesien

Seeigel ernähren sich hauptsäch-
lich von Algen, verschmähen aber
auch die Überreste toter Kleinlebe-
wesen nicht.

Steinseeigel,
(Echinometra mathaei)
12 cm, RotesMeer/
Ägypten

Griffelseeigel,
(Heterocentrotus
mammillatus
20 cm, Malediven

Griffelseeigel sind meist nacht-
aktiv. Tagsüber verstecken sich die
harmlosen Tiere mit ihren bleistift-
dicken aber stumpfen, ca. 10 cm langen Stacheln oft in Höhlen oder Spalten und begeben sich erst in der Dun-
kelheit auf Nahrungssuche in das
Riff.

Haar- oder Federsterne
(Crinoidea)

Haarsterne sehen zart und gebrechlich aus. Die blumenhaft erscheinenden Tiere, die über mehr als 100 Arme (Tentakeln) verfügen können, sind nacht-aktive Jäger. Tagsüber findet man sie oft zusammengezogen an Gorgonien oder auf anderen Korallen. In der Nacht entfalten sie sich zu voller Schönheit. Sie begeben sich an strömungsgünstige Plätze, wo die Fiedern ihrer Tentakel das Plankton einfangen. Mit ihren Gliederfüßchen (Cirren) halten sie sich auch bei starker Strömung am Untergrund fest. Das eingefangene Plankton wird von den Armen - in den sich Furchen mit Wimpern befinden - fließbandähnlich zum Mund befördert, der sich, wie auch der After, auf der Oberseite des Körpers befindet. Haarsterne gehören zu den wenigen Seesternen, die sich aktiv schwimmend fortbewegen können.

*Großer, graziös aussehender
Haarstern, 30 cm*

Dieser hübsche Haarstern hat
sich tagsüber zusammengerollt.

Tagsüber ziehen sich die graziösen
Haarsterne oft zusammen.
Die zarten Federarme sind sehr
brüchig, regenerieren aber schnell.

Nahaufnahme eines Federsterns vor
einer schönen roten Hornkoralle.

*Zauberhaft aussehender Haarstern
vor einem Hornkorallenfächer.*

*In der Dämmerung breiten die Haarsterne ihre
Federarme aus und filtern damit das Plankton
aus dem Wasser. Diese Seesterne erreichen
eine Größe von ca. 30 cm.*

Haarsterne
(Crinoidea)

Auch bei starker Strömung können sich die Haarsterne - wie hier in der Nacht - mit ihren Krallenfüßchen (Cirren) an den Korallen festhalten. Die federartigen Arme sind mit winzigen Dornen und Widerhaken ausgestattet. Sie sind hervorragende Planktonfallen für die nachtaktiven Jäger.

Seescheiden
(Ascidiacea)

Die transparenten bis farbenfrohen, zarten und zerbrechlich wirkenden Gebilde sind Ascidien, besser als Seescheiden bekannt. In den unterschiedlichsten Formen und Farben sind sie im Riff anzutreffen. Sie leben meist festgewachsen einzeln, in Gruppen oder Kolonien. Die größeren Einströmöffnungen der Seescheiden bilden oft artspezifische Muster. Die einzelnen Seescheidenkörper können bis 20 cm groß werden. Mit Hilfe ihres Pump- und Filtersystems nehmen sie Mikroorganismen als Nahrung aus dem Wasser auf. Überschüssiges Wasser wird durch die kleinere Ausströmöffnung ausgestoßen. Wenngleich sie wie Pflanzen aussehen, gehören Seescheiden zu den Manteltieren und damit in das Reich der wirbellosen Tiere.

Eine von rund 2.000 Arten, die bis 20 cm groß werden können.

Eine einzeln lebende Seescheide, ca. 10 cm

Seescheiden in bezaubernden Farben, Philippinen

Grüne Riffseescheidenkolonie, (Didemnum molle), Sipadan/Borneo

Farbenprächtige Seescheidenkolonie, Sipadan/Borneo

Mehr als 5.000 Schwammarten sind in praktisch allen Meeren der Welt anzutreffen. Die Filterer, die das Wasser durch Poren in das Innere ihres Körpers leiten, nehmen dabei Mikroorganismen aus dem Wasser zur Nahrungsaufnahme auf. Das Pump- und Filtersystem ist dabei so effizient, daß ein Schwamm von der Größe einer Kaffeetasse an einem Tag 5.000 Liter Wasser durch seinen Körper pumpen kann. Schwämme können sich geschlechtlich als auch ungeschlechtlich vermehren. Dies geschieht einerseits durch Samenzellen, die mit der Strömung die Eizellen des Mutterschwammes erreichen; andererseits in dem sie Knospen treiben, die abbrechen und neue Tiere bilden.

Röhrenschwamm, Philippinen

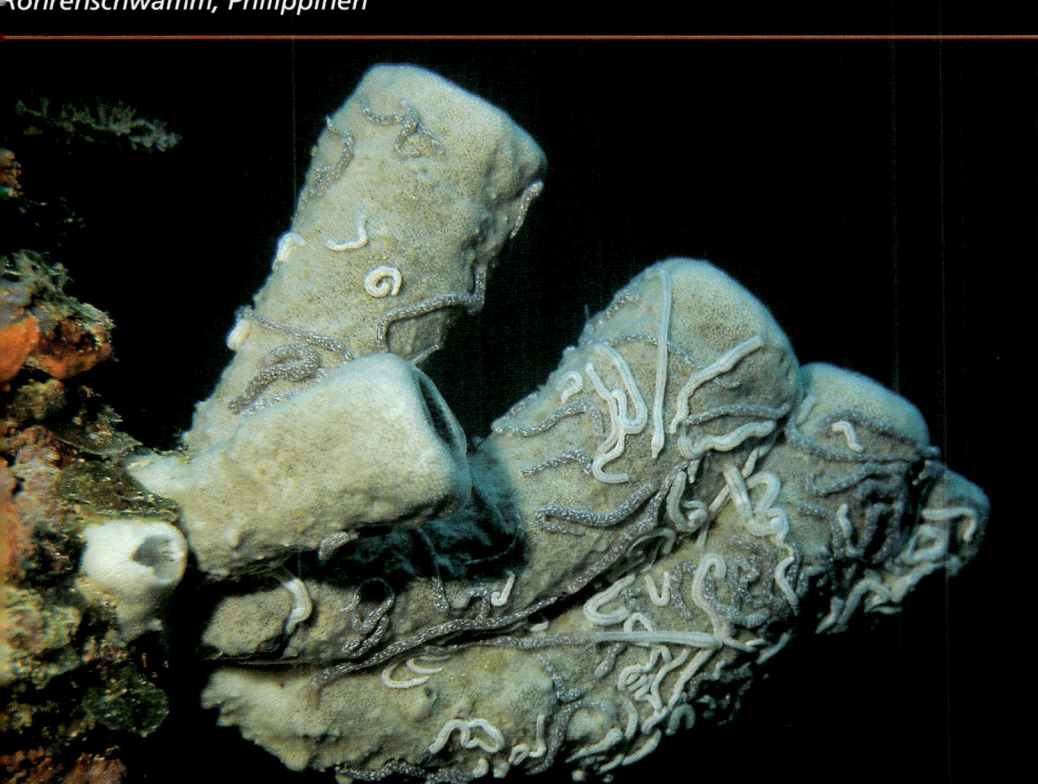

Rosa Kelchschwamm, Antillen

Bunter Spiralröhrenwurm
(Spirobranchus Giganteus)

Bezaubernd in den Farben - dabei aber unglaub-
ich scheu: Spiralröhrenwürmer, die vorzugsweise im
Korallengestein leben. Auf Korallenblöcken sind sie
manchmal zu Hunderten zu finden, wenn sie ihre
feinen Fiedern tannenbaumähnlich zum Plankton-
fang ausfahren. Die lediglich 2 - 3 cm großen Schönlinge verfügen jeweils über 2 Tentakelbüschel und
einen Schließdeckel (Operculum). Der Wurm zieht
sich bei der geringsten Störung blitzartig in seine
Wohnhöhle zurück. Die Larven der Röhrenwürmer
lassen sich auf einer geeigneten Koralle nieder und
bauen dort ihre Kalkröhre. Sie wachsen gleich-
schnell wie ihr unfreiwilliger Wirt, denn nur so können sie einer Überwucherung durch die Korallen
entgehen.

Schnecken
(Cyprea)

Die einschaligen Schnecken (Gastropoden) unterscheiden sich grundsätzlich von den artverwandten zweischaligen Muscheln. Die oft nur wenige Zentimeter großen Tiere, die fast alle einen deutlich erkennbaren Kopf mit Augen und Fühlern aufweisen, können aber - wie z.B. das Tritonshorn - eine stattliche Länge von rund 60 cm erreichen. Die in schier unendlichen Variationen vorkommenden Gehäuse der Vorderkiemer sind leider oftmals begehrte Sammlerobjekte. Die meisten Schnecken ernähren sich von Algen, Nesseltieren oder Schwämmen, die sie mit ihrer Raspelzunge (Radula) abweiden. Einige Kegelschneckenarten haben diese in eine hochgiftige Harpune umgewandelt, mit der sie sogar kleinere Fische lähmen und töten, bevor sie diese fressen.

Kaurischnecke
(Cyprea annulus), 12 cm

*Mördermuschel (Tridacna maxima) und
Riffzackenauster (Lopha Folium)*

*Riffzackenauster oder auch
Hahnenkammauster*

Muscheln
(Bivalvia)

Ebenso wie die Schnecken sind auch Muscheln häufige Riffbewohner. Sie haben ihre Schale in zwei Hälften geteilt, die mit einem elastischen Band (Ligament) und kräftigen Muskeln zusammen gehalten werden. Riesen- oder Mördermuscheln können eine Länge von 1,5 m erreichen und mehrere hundert Kilo wiegen. Zur Nahrungsaufnahme öffnen sie ihre Schalenhälften, damit Wasser und das darin befindliche Plankton durch ihre Kiemenreusen gepumpt werden können. Bei den Mördermuscheln sind die oft schön gezeichneten Mantelränder mit den Augenflecken zu sehen, die sogar die Schalenhälften überlappen.

*Mördermuschel, die halb im
Korallengestein eingewachsen ist.*

Nacktschnecken
(Nudibranchiata)

Schnecken (Gastropoden) zählen zu den häufigsten Weichtieren (Mollusken) im Riff. Viele von ihnen tragen ihr Gehäuse in verschiedenen Farben und Formen zum Schutz mit sich; andere Arten wiederum haben sich bereits davon getrennt und andere Strategien zum persönlichen Schutz entwickelt.

Zu den eindrucksvollsten Schneckenarten gehören zweifellos die Nacktkiemer, die in teilweise prächtigen Farben durch die Riffe ziehen; mal allein - oder auch paarweise. Die faszinierenden Tiere sind trotz ihrer geringen Körpergröße - die meisten von ihnen

bringen es lediglich auf eine Körperlänge, zwischen 3 und 12 cm - eine Augenweide für den stillen Beobachter.

Für die Freßfeinde haben ihre plakativen Signalfarben jedoch eine andere Bedeutung, sie weisen in den meisten Fällen auf die Ungenießbarkeit der Schönlinge hin. "Achtung! Ich bin ungenießbar, wehrhaft oder auch giftig!" könnte die Botschaft an eventuelle Angreifer lauten.

Bei Gefahr rollt die Spanische Tänzerin (Hexabranchus sanguineus) die Ränder ihres herrlichen Mantel auf und fängt dann an zu schwimmen. Ein toller Anblick!

Die Hinterkiemer mit ihren zwei Fühlern am Kopfende, die ihr zartes Kiemenbündel gewissermaßen als Atemorgan auf dem Rücken tragen, können sich oftmals erfolgreich gegen Räuber zur Wehr setzen. Einige Arten übernehmen Gifte oder Nesselkapseln ihrer Beute und setzen diese wiederum gegen Angreifer ein.

Für Nacktschnecken sind Schwämme, Mantel- und Nesseltiere aber nicht nur Beute, sie können auch gleichzeitig als hervorragende Tarnobjekte dienen. Bei der Nahrungsaufnahme der Schnecken werden die Farbstoffe der Beute übernommen und im Körper

gelagert. Dadurch wird eine nahezu perfekte Tarnung für die Schnecken möglich, die ihr Dasein meistens als Zwitter verbringen. Ihre befruchteten Eier werden von ihnen oft in spiralförmigen Bändern oder Schnüren in den Korallen abgelegt, wo die Larven nach dem Schlüpfen durch die Strömung in andere Gebiete getragen werden. Für die wenigen von ihnen, die überleben, kann ein neues Schneckendasein beginnen.

Wie eine schöne Blume anzusehen: die kreisförmig angelegten Laichbänder eines Geleges der Spanischen Tänzerin.

*Zwei schön gezeichnete
Prachtsternschnecken
(Chromodoris tertianus),
10 cm*

Auf den Seiten 58-59
finden Sie eine Auswahl
außergewöhnlich schöner
Nacktschnecken.

Warzenschnecken
(Phyllidiidae)

Ein dreifarbiges Warzenschnecken-Pärchen (Phyllidia arabica) auf Nahrungssuche, Sudan

Die schön gezeichnete Warzenschnecke (Phyllidia varicosa), 5 cm, mit grünen Seescheiden, Sipadan/Borneo

Marzipannacktschnecke, 6 cm, Seychellen

Warzenschnecken sind durch ihren warzigen Mantel und die fehlenden Kiemen auf dem Rücken gut zu erkennen. Diese 7 cm lange Schönheit - vermutlich aus der Gattung Phyllidia varicosa - hat, soweit bekannt, keine Feinde.

Eine herrlich aussehende Zylinderrose (Cerianthus membranaceus), ca. 30 cm im Durchmesser

Zylinderrosen
(Ceriantharia)

Die meist einzeln vorkommenden Zylinderrosen bilden ihre Wohnröhren aus Nesselfäden und Sand, diese können bis zu einem Meter tief sein. Der wurmförmige Polyp zieht sich bei Gefahr blitzartig dorthin zurück.

Mit ihren blumenhaft aussehenden Tentakeln fängt die Zylinderrose die vorbeitreibende Planktonnahrung im Wasser. Ihre kurzen, inneren Tentakeln leiten die Beute dann zur Mundöffnung weiter.

Deutlich sind die langen, lederartigen Röhren zu erkennen, die in der Federwurmkolonie vorherrschen. Die ca. 10 cm im Durchmesser großen "Federn" der Tentakelkronen fangen die vorübertreibenden Mikroorganismen.

*Sabellenkolonie,
ca. 10 cm Durchmesser
je Exemplar, Kuba*

Federwürmer oder Sabellen
(Sabellidae)

*Herrlich gezeichneter
Federwurm,
15 cm Durchmesser,
Sipadan/Borneo*

Die prachtvollen Federwürmer aus der Familie Sabellidae gehören zweifellos zu den anmutigsten Vertretern der scheuen Röhrenwürmer. An ihrem Kopf entspringen kreisförmig angeordnete Fortsätze, die wie Federn aussehen. Sie kommen in den herrlichsten Farben vor, ziehen sich aber - sobald ein Schatten auf sie fällt - augenblicklich in ihre Wohnröhren zurück.

Garnelen
(Hippolytidae)

Die kleine Garnele, ca. 3 cm lang
lebt in der Blasenanemone,
(Plerogyra sinuosa)

Auf dem Riffdach, bereits in wenigen
Metern Tiefe, kann man der Blasenanemone begegnen. Sie beherbergt
zwischen ihren 2 - 3 cm aufgeblasenen
und durchsichtigen Vesikeln der Polypen
eine kleine, eiertragende Garnele.

Garnelen
(Hippolytidae)

Zahlreiche Garnelenarten, von unscheinbar bis farben-froh - bevölkern das Riff und leben dort oft in Symbiose mit anderen Riffbewohnern. Einige von ihnen betätigen sich als Putzer und befreien z.B. Fische von Parasiten. Diese wissen das sehr wohl zu schätzen und besuchen die Garnelen in ihrer Putzerstation. Die Wohnstuben der zarten und feingliedrigen Winzlinge stellen häufig nesselnde Anemonen dar, die gleichzeitigen Schutz für die Garnelen bieten.

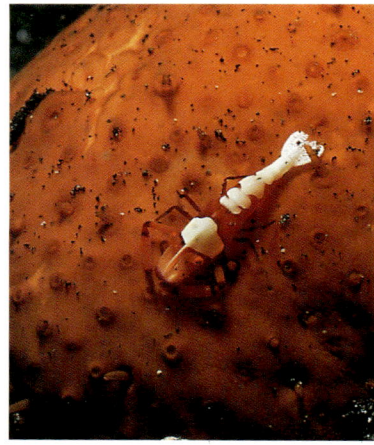

Eine kleine Garnele hat sich farblich dem Schwamm angepaßt.

Allerdings war bis jetzt nicht klar, inwieweit auch die Wirtsanemone von der kleinen Garnele profitieren könnte. Dieses Rätsel wurde erst kürzlich gelöst. Mitarbeiter der Marine Sciences Centre in Connecticut/USA haben erstmals den Beweis angetreten, daß die Anemone tatsächlich von der Garnele profitiert, in dem diese mit ihrem Urin die Zooxanthellen, winzige einzellige Pflanzen, die in der Anemone vorkom-men, düngt. So schließt sich in bemerkenswerter Weise der Kreis der Symbiose zwischen Anemone und Garnele auf ungewohnte Art.

Einige Arten haben sich mit Korallen vergesellschaftet, während andere zwischen den Stacheln von Seeigeln le-ben. Die Tanz- oder Rosengarnele (Rhynchocinetes uritai) findet man z.B. in Gruppen von 10 - 100 Individuen, die sogar vorsichtig verharrende Taucher aufsuchen um diese zu "putzen"!

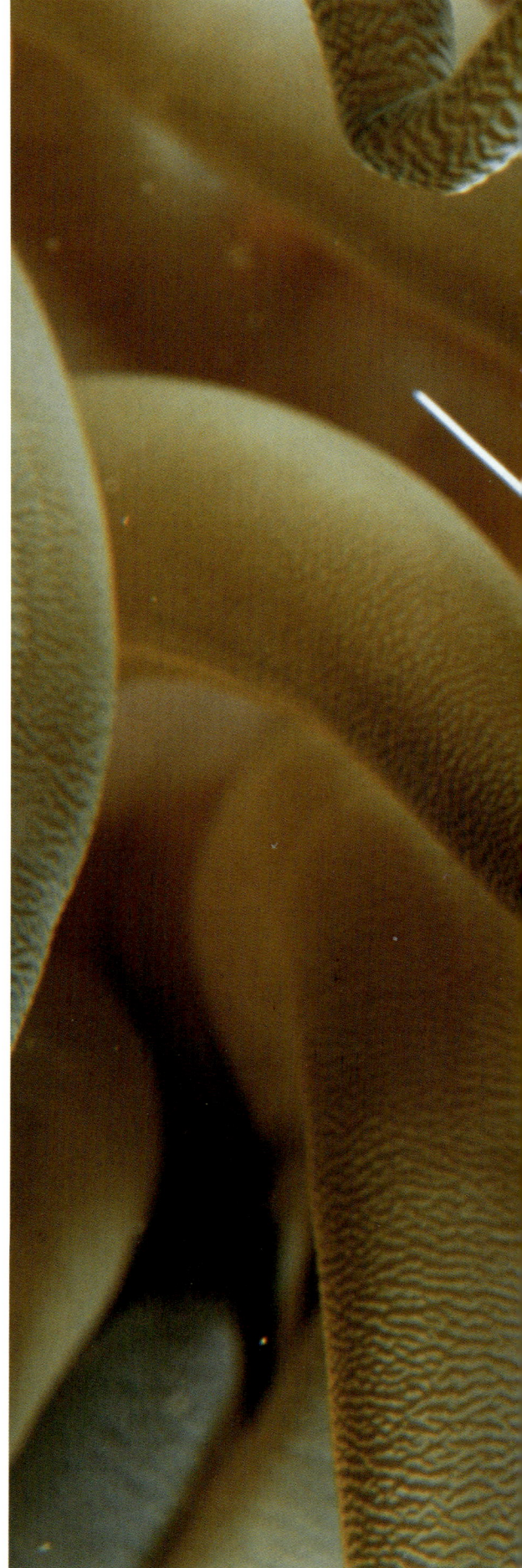

Eine zauberhaft aussehende Garnele in ihrer Wirtsanemone.

Zusammenleben...

Die wundervolle Vielfalt der Lebewesen im Meer ist nicht nur vom Räuber-Beute-Schema geprägt. Vielmehr gibt es eine ganze Reihe von artverschiedenen Tieren, die Gemeinschaftsleistungen und Kooperationen eingehen, die für beide Partner von Vorteil sind. An einer solchen Symbiose können verschiedene Tierarten - aber auch Tiere und Pflanzen mit unterschiedlichen Nutzen beteiligt sein.

Ein Beispiel guten Zusammenlebens wird bei dem kleinen Porzellankrebs deutlich, der sich ungehindert in der stark nesselnden Anemone bewegen kann. Für viele Angreifer ist das Nesselgift der Anemone tödlich. Als Gegenleistung erhält der nesselnde Gastgeber Teile von den Mahlzeiten des Krebses.

Anemonen-Porzellankrebs
(Neopetrolisthes maculatus),
3 cm, Sipadan/Borneo

Ein interessantes Zusammenleben wird beim Schmarotzerrosen-Einsiedler (Dardanus pedunculatus) und einer Anemonenart deutlich: Auf seinem "geliehenen" Schneckenhaus befinden sich manchmal mehrere Schmarotzerrosen (Calliactis parasitica), die sich der Krebs zugelegt hat. Beide leben in echter Symbiose zusammen. Der Krebs genießt den Schutz der stark nesselnden Anemonen und hält diese sogar manchem Angreifer als Waffe entgegen. Die Anemonen hingegen sind durch den Einsiedlerkrebs mobiler geworden und gelangen durch ihn an nahrungsreiche Orte.

*Seeanemonen-Einsiedlerkrebs
(Dardanus pedunculatus),
10 cm, Sulawesi/Indonesien*

Kugelfische
(Tetraodontidae)

Kugelfische können sich - wie die Igelfische - bei Gefahr mit Wasser vollpumpen und erscheinen dadurch für Freßfeinde erheblich größer. Ihre Körpergröße variiert - je nach Art - zwischen 10 und ca. 120 cm. Manche von ihnen ernähren sich von Algen, Korallen, Krebsen und Schnecken. Die recht behenden Schwimmer gelten in Japan als Delikatesse und werden dort als "Fugu" angeboten. Nur Köche mit einer Spezial-Ausbildung dürfen diese zubereiten, weil die Gallenblase

des Kugelfisches im Falle der Verletzung äußerst giftig ist. Der Gast kann dann nach dem Genuß einer falsch zubereiteten Fugu-Mahlzeit sterben.

Kofferfische
(Ostraciontidae)

Den lustig aussehenden Kofferfischen mit ihren drei-, vier- oder auch fünfeckigen Körperquerschnitten begegnet man immer wieder im Riff. Sie können bis 50 cm groß wer-

den. Ihren Namen verdanken sie ihrem kofferartigen Aussehen. Kopf und Körper dieser Fische befinden sich gut geschützt in einer Hülle aus Knochenplatten, aus der nur die Flossen, Kiefer und der Schwanzstiel herausragen. Trotzdem sind sie aber sehr manövrierfähig. Mit ihren propellerartig drehenden Brustflossen und trotz ihres behäbigen Aussehens können sie sich auf sehr engem Raum im Korallenriff bewegen. Sie ernähren sich überwiegend von krebsartigen Tieren oder Algen. In der Jugendform sind ihre Farbkleider unterschiedlich.

Igelfische
(Diodontidae)

Die langsamen Schwimmer mit den kräftigen Zahnplatten können mühelos Krebstiere, Seeigel oder Muscheln und Schnecken knacken. Wie die Kugelfische können sie sich im Zustand der Erregung mit Wasser vollpumpen und gleichen dann einem stacheligen Ballon. Für Räuber wird die "Stachelkugel" somit unangreifbar. Außerdem kann sich der Igelfisch im aufgeblase-

nen Zustand gut in Höhlen oder Felsspalten festklemmen. Darüber hinaus besitzen die 50 - 60 cm langen Fische verhältnismäßig große Augen, die sie als Nachtaktive kennzeichnen.

Der schön gezeichnete Kofferfisch erhält Besuch vom Putzerfisch, der ihn von Parasiten befreit.

Kofferfische
(Ostraciontidae)

Anmutig anzusehen: das Jungtier des gelb-braunen Kofferfisches (Ostracion cubicus), 10 cm, Malediven

Junger Weißpunkt-Kofferfisch (Ostracion meleagris), 15 cm, Malediven

Der Weißpunkt-Kugelfisch (Arothron meleagris) hat sich zu imposanter Größe aufgepumpt. Er kann eine Größe von bis zu 50 cm Länge erreichen.

Sattelfleck-Kugelfisch (Canthigaster valentini), 10 cm, Malediven

Nahaufnahme von der Augenpartie eines schwarzgefleckten Kugelfisches (Arothron nigropunctatus)

Kugelfische
(Tetraodontidae)

*Großer Kugelfisch
(Arothron stellatus),
ca. 120 cm, Malediven*

Einbinden-Anemonenfische (Amphiprion nigripes), 10 cm, Malediven, leben in Symbiose mit ihrer Wirtsanemone

Clown- oder Anemonen-fische

(Amphiprion)

Clownfische sind schon in geringer Tiefe im Korallenriff anzutreffen

Clarks-Anemonenfische
(Amphiprion clarkii),
12 cm, Rotes Meer/Ägypten

Zweibinden-Anemonenfisch
(Amphiprion chagosensis
Allen), 12 cm,
Sipadan/Borneo

Bei den Anemonenfischen wandelt sich stets das größte und kräftigste Männchen in ein Weibchen um.

Orangeringel-
Anemonenfisch
Portrait

Orangeringel-Anemonenfisch
(Amphiprion ocellaris),
11 cm, Sipadan/Borneo

Portrait eines
Stachelanemonenfisches
(Premnas biaculeatus),
11 cm, Sipadan/Borneo

Indischer Anemonenfisch
(Amphiprion sebal),
12 cm, Malediven

Barsche

(Serranidae)

Portrait eines
Juwelen-
Zackenbarsches

Barsche

(Perciformes)

In allen tropischen und gemäßigten Meeren begegnet man den Barschen, die zu den artenreichsten Fischordnungen zählen. Mehr als 7.800 Arten sind bekannt (Ordnung Perciformes). Allein die Familie der Sägebarsche umfaßt mehr als 320 Arten aus 48 Gattungen (Serranide).

Die Winzlinge unter ihnen, die Fahnenbarsche, werden lediglich 5 cm groß, während die Riesenzackenbarsche eine Körperlänge von 3,50 Metern und ein Gewicht von 550 kg erreichen. Die Zackenbarsche, robust und oft ein wenig bullig aussehend, sind Raubfische. Die Lauerräuber mit unterschiedlichsten Farbkleidern sind oftmals gut getarnt in Höhlen und Grotten anzutreffen. Scheinbar träge warten sie auf zu dicht vorüberschwimmende Fische, um diese dann blitzschnell zu schnappen. Die immer ein wenig grimmig dreinblickenden Räuber mit dem großen Kopf und dem etwas längeren Unterkiefer verfügen über eine große Anzahl messerscharfer Zähne.

Zackenbarsche sind ausgezeichnete Tarnkünstler, die in Sekundenschnelle ihre Farbe verändern und sich ihrer Umgebung bestens angleichen können.

Bemerkenswert ist auch die Geschlechtsumwandlung: Barsche kommen ausschließlich als Weibchen zur Welt. Erst in einem späteren Lebensstadium können sie zu Männchen werden.

In der Fortpflanzungszeit laichen die Fische im Freiwasser ab. Von dort aus gelangen die Eier ins offene Meer, wo sie auf den Boden sinken. Aus den Larven entwickeln sich die Jungfische, die das Riff besiedeln. Ausgewachsene Zackenbarsche sind Einzelgänger, die ihrem Standort treu bleiben.

*Pfauenbarsch
(Cephalopholis argus),
50 cm, Malediven*

Barsche
(Serranidae)

Portrait eines getarnten
Zackenbarsches
(Epinephelus
polyphekadion),
75 cm, Malediven

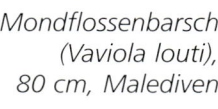

Mondflossenbarsch
(Vaviola louti),
80 cm, Malediven

Auf Abwehr mit aufgestellter
Rückenflosse und weit
geöffnetem Maul:
Roter Zackenbarsch
(Epinephelus morio),
95 cm, Kuba

Der große Sattelflecken-
Leopardenbarsch
(Plectropomus laevis),
ca. 110 cm, Malediven,
befindet sich in Lauerstellung

Zackenbarsche
(Serranidae)

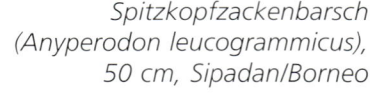

Spitzkopfzackenbarsch
(Anyperodon leucogrammicus),
50 cm, Sipadan/Borneo

Sattelflecken-Leopardenbarsch
(Plectropomus laevis),
100 cm, Malediven,
diese Art kommt in zwei
Farbvarianten vor
(siehe oben)

Büschelbarsche
(Cirrhitidae)

*Langnasen-Büschelbarsch
(Oxycirrhites typus),
10 cm, Sipadan/Borneo*

Zwei prachtvoll gefärbte Großaugenbarsche (Priacanthus namrur), 45 cm, Malediven

Grossaugenbarsche
(Priacanthidae)

Großaugenbarsche können ihr Aussehen schnell verändern, indem sie sich umfärben. Die meisten von ihnen sind rot, einige wechseln die Färbung und erscheinen dann rot-silbern.

Skorpionsfische

(Scorpaenidae)

Der Drachenkopf hat sich perfekt dem Untergrund angepaßt und lauert dort auf Beute, 25 cm, Malediven.

Skorpionsfische
(Scorpaenidae)

Zwischen Korallen gut versteckt: der fransige Drachenkopf (Scorpaenopsis oxycephala), 30 cm, Sipadan/Borneo

Die zu den Skorpionsfischen zählenden Drachenköpfe und Steinfische sind wahre Meister in Sachen Tarnung. Man muß schon genau hinsehen, wenn man sie im Riff entdecken will. Die bis zu ca. 40 cm großen Lauerräuber passen sich in Form und Farbe dem jeweiligen Untergrund perfekt an. Sie verlassen sich auf den guten Schutz ihrer Tarnung - und auf ihre Giftigkeit. Die Strahlen der Rücken-, After- und Bauchflossen sind mit Giftdrüsen bestückt, die starke Schmerzen auslösen, wird man von einem dieser Fische gestochen. Da sich die Fische durchaus auch im Flachwasserbereich aufhalten, ist entsprechende Vorsicht geboten. Die schlechten Schwimmer, die kaum Fluchtverhalten zeigen, leben von Krebsen und Fischen, denen sie auflauern und die sie dann blitzschnell verschlingen.

Der perfekt getarnte Drachenkopf
paßt sich seiner Umgebung bestens an,
36 cm, Sipadan/Borneo

Durch die Hautanhängsel scheint
der Skorpionsfisch mit seiner
Umgebung zu verschmelzen.

Dieser Drachenkopf ist sich
seiner Gefährlichkeit
genau bewußt!

In idealer Weise hat sich der Lauerräuber in einem Schwamm niedergelassen und scheint geradezu farblich mit diesem zu verschmelzen.

Skorpionsfische

(Scorpaenidae)

Dieser falsche Steinfisch (Scorpaenopsis diabolus) hat die Farbe des Untergrundes angenommen und lauert hier auf Beute. 30 cm, Cocos Keeling/Australien

Teufelsfisch (Inimicus filamentosus),
25 cm, Sipadan/Borneo

Auf cen Betrachter wirkt der Teufelsfisch mit seinem großen Kopf und den hochliegenden, dabei eng zusammenstehenden Augen geradezu furchterregend. Die 15-16 freistehenden und giftigen Stacheln verstärken diesen Eindruck noch. Man findet diesen Fisch oft auf Sandflächen vor, wo er auch teilweise mit Sand bedeckt ist. Der schlechte Schwimmer bewegt sich kriechend über den Boden und hinterläßt mit seiner Schwanzflosse eine weithin sichtbare Spur im Sand.

Rotfeuerfische
(Pteroinae)

In den tropischen Meeren sind die bis ca. 50 cm großen, skurril aussehenden Rotfeuerfische beliebte Fotomotive für Taucher. Man begegnet ihnen am Tage, aber auch in der Nacht. Sie weichen weder Fischen noch Tauchern aus. Ihre Ungeniertheit beruht auf dem Wissen um ihre Gefährlichkeit, die ihre 12 giftigen Rückenstrahlen bewirken. Man

Erhaben und gelassen segelt dieser prächtige Indische Rotfeuerfisch (Pterois miles), ca. 35 cm, Malediven, durch sein Revier.

trifft diese Tiere im Flachwasser an - aber auch in großen Tiefen, wo sie erfolgreich den Krabben, Garnelen und kleinen Fischen nachstellen. Dabei haben sie eine interessante Jagdmethode entwickelt: mit Hilfe ihrer Brustflossen, die von ihnen weit auseinandergespreizt werden, wird die Beute in die Enge getrieben und dann blitzartig geschluckt. Rotfeuerfische können unvorsichtige Taucher angreifen, wenn sie sich bedroht fühlen.

Indischer Rotfeuerfisch
(Pterois miles),
40 cm, Malediven

Rotfeuerfisch-Portrait,
Malediven

Antennenfeuerfisch
(Pterois antennata),
20 cm, Malediven

Rotfeuerfisch
(Pterois volitans),
20 cm, Philippinen

Rotfeuerfische
(Pteroinae)

Antennenfeuerfisch-Protrait;
Nachtaufnahme,
Philippinen

Schaukelfische
(Scorpaenidae)

*Schön gezeichneter
Schaukelfisch
(Taenianotus triacanthus),
10 cm, Sipadan/Borneo*

Der kleinste zu den Skorpionsfischen zählende Vertreter ist der Schaukel-fisch, der es ebenfalls versteht, sich meisterhaft zu tarnen. Der im Flachwasser und in großen Tiefen anzutreffende Sonderling ernährt sich von kleinen Kreb-sen und Fischen. Der Lauerräuber schaukelt bei Gefahr wie ein welkes Blatt im Wasser und entgeht so vielen Freßfeinden. Der nachtaktive Schaukelfisch kann seine periodische Häutung mit entsprechendem Farbwechsel in nur 3-5 Minuten vollziehen! Die Färbung der meist 8-12 cm großen Schaukelfische ist variabel und umfaßt alle Farben des Regenbogens.

Schaukelfische
(Scorpaenidae)

*Schaukelfische in verschiedenen
Farbvarianten*

Orientalische Süßlippe
(Plectorhinchus orientalis),
60 cm, Malediven

Süßlippen
(Haemulidae)

Süßlippen
(Haemulidae)

In allen tropischen Meeren trifft man auf diese schön gezeichneten Fische. Die einzeln oder in Gruppen vorkommenden Individuen sind gleichzeitig beliebte Foto-motive für den Unterwasserfotografen. Ihre Körpergröße variiert zwischen 50 und 100 cm. Die ruhigen und wenig scheuen Fische mit ihren verdickten Lippen sind am Tag relativ inaktiv. Man findet sie oft unter Überhängen oder an strömungsexponierten Stellen, wo sie scheinbar mühelos in der Strömung stehen. Erst in der Dämmerung machen sie Jagd auf Wirbellose.

Die im Flachwasser lebenden Jungtiere unterscheiden sich völlig von den ausgewachsenen Süßlippen durch eine grelle, auffallende Färbung und schlängelnde bis nervös aussehende Schwimmbewegungen. Wissenschaftler vermuten, daß dieses Verhalten und die plakative Färbung der Jungtiere abschreckend auf mögliche Freßfeinde wirkt.

Silbersüßlippen (Diagramma pictum), 90 cm, Rotes Meer/ Israel

Diagonal-Süßlippe (Plectorhinchus lineatus), 75 cm, Sipadan/Borneo

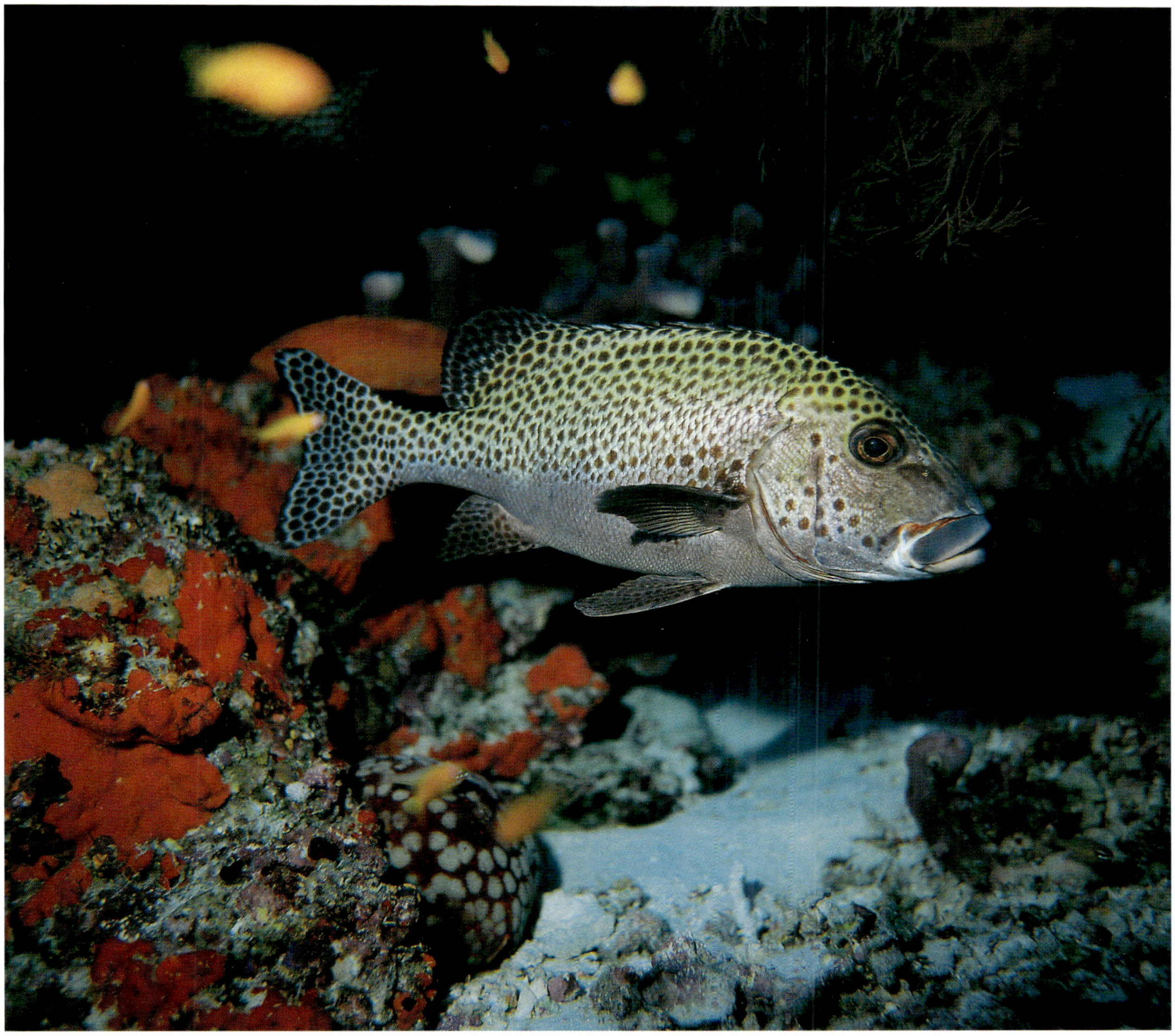

Harlekinsüßlippe (Plectorhinchus chaetodonoides), 75 cm, Malediven

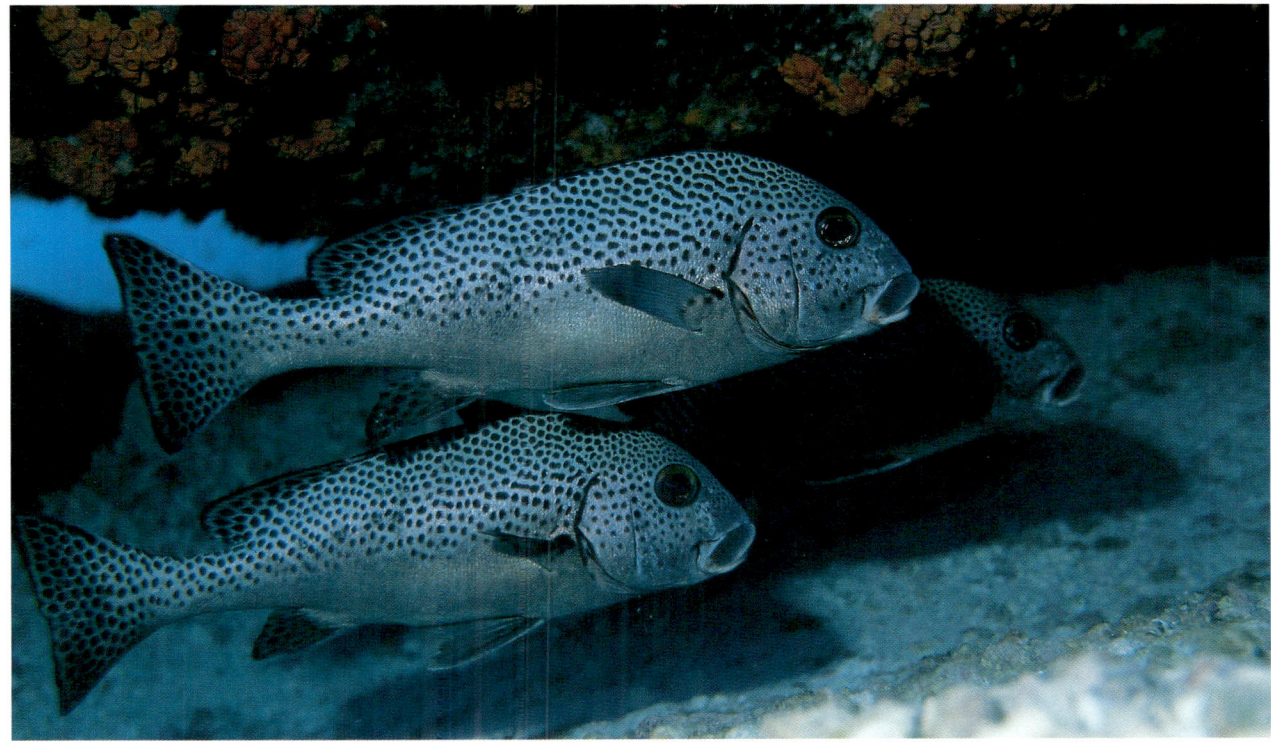

Schwarzweiß-Süßlippen (Plectorhinchus picus), 85 cm, Seychellen

Der scheue Dreilappen-Lippfisch
(Cheilinus Trilobatus),
45 cm, Seychellen

Napoleon (Cheilinus undulatus),
bis 250 cm, Rotes Meer/Israel

Napoleons, die zu den Lippfischen zählen, gehören zu den Gewichtigsten - bis 200 kg schweren Riff-Fischen, die oft einzeln leben. Mit ihren großen Zähnen knacken sie mühelos gepanzerte Wirbellose, Kofferfische und Weichtiere.

Besenschwanz-Lippfisch
(Cheilinus lunu'atus),
50 cm, Rotes Meer/Israel

Drückerfische
(Balistidae)

Drückerfische sind in mehrfacher Hinsicht interessante Riffbewohner. Ihre typische flache und eiförmige Körperform mit dem überdimensionalen Kopf und dem verhältnismäßig kleinen Maul verleiht ihnen ein gewisses freundliches Aussehen.

Dabei können sie besonders in der Brutphase - nähert man sich un- oder absichtlich ihrem Gelege - recht aggressiv werden. Sie greifen dann alles und jeden an; auch Taucher werden nicht verschont und müssen nach einigen Scheinangriffen schon mal eine pferdebißähnliche Attacke über sich ergehen lassen. Die furchtlosen Fische verteidigen ihre Brut kompromißlos vor möglichen Eierräubern.

Leoparden-Drückerfisch
(Balistoides conspicillum),
45 cm, Malediven

In ihrem Unterkiefer befinden sich acht meißelförmige, im Oberkiefer sechs plattenartige Zähne. Damit sind sie in der Lage, auch harte Nahrung wie Krebstiere oder Muscheln und Seeigel zu "knacken". Sie haben dabei eine interessante Strategie des Beutemachens entwickelt, um z.B. an die recht wehrhaften, langstacheligen Diadem-Seeigel zu kommen: Stück für Stück werden die Stacheln an einer Seite abgebissen, bis der Drückerfisch die Stachelstümpfe packen kann. Er hebt den dann wehrlosen Seeigel ins freie Wasser und greift ihn - während dieser langsam zu Boden sinkt - von unten an.

Riesendrückerfische können aber auch bei der Nahrungssuche regelrechte Krater mit Hilfe eines im Maul gebildeten Wasserstrahls in den Sandboden blasen, um an ihre Beute wie Krabben, Muscheln oder Schnecken zu gelangen. Selbst größere Korallenbrocken werden von ihnen zur Seite geschafft, um an Freßbares zu kommen.

Die verschiedenen Arten werden 25 - 85 cm groß und verdanken ihren Namen nicht zuletzt der besonderen Form ihrer Rückenflosse, die lediglich aus drei Stachelstrahlen besteht und die über einen geradezu genialen Sperrmechanismus verfügen. Damit sind sie in der Lage, sich während der Ruhephase oder bei Gefahr im Korallengeäst oder in Höhlen und Spalten zu verkeilen. Die eigentliche Fortbewegung geschieht durch das typische Wellenschlagen der zweiten, weichen Afterflosse. Die Brustflossen übernehmen dabei die Funktion eines Höhenruders, während die Schwanzflosse die eines Seitenruders innehat.

Taucherin mit
Leoparden-
Drückerfisch

Gelbsaum-Drückerfisch (Pseudobalistes flavimarginatus), 60 cm, Malediven

Grüner Riesendrückerfisch (Balistoides viridescens), 75 cm, Malediven

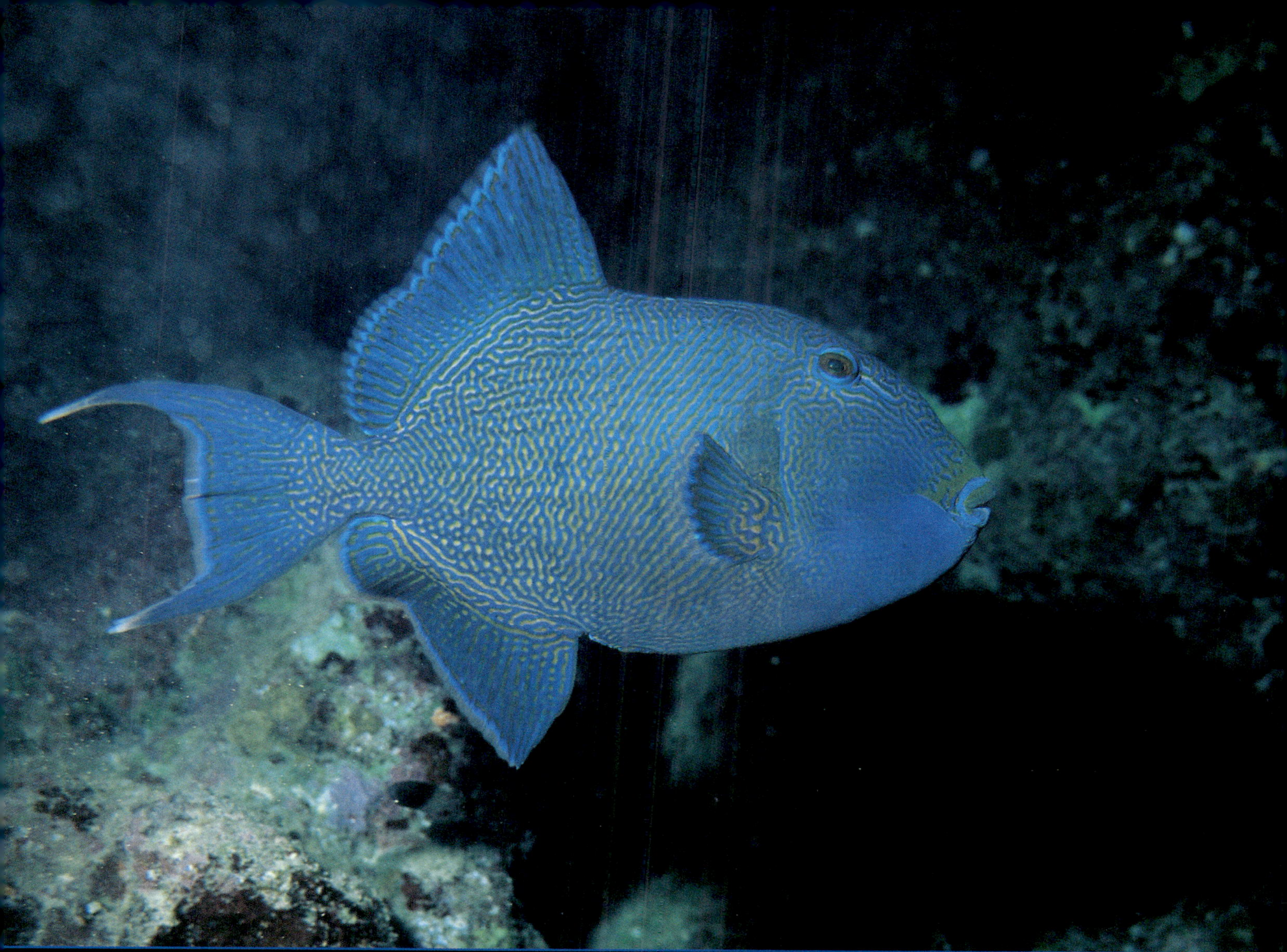

Rotzahn-Drückerfisch
(*Odonus niger*),
45 cm, Maldiven

Drückerfische
(Balistidae)

Blaukehl-Drückerfisch
(*Xanthichthys auromarginatus*),
22 cm, Borneo

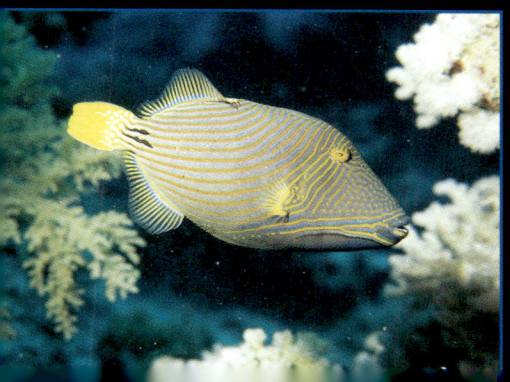

Orangestreifen-Drückerfisch
(*Balistapus undulatus*),
30 cm, Israel

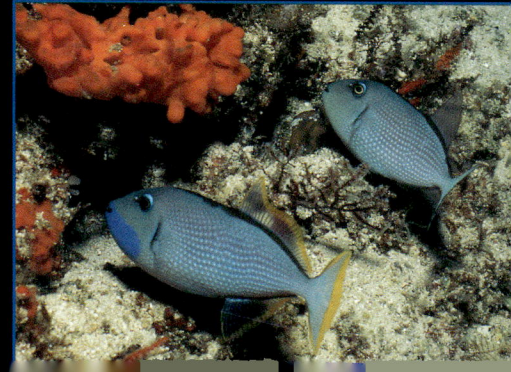

*Eine herrliche Formation
bilden diese Fledermausfische,
ca. 40 cm, Sipadan/Borneo*

Fledermausfische
(Ephippidae)

*Langflossen-
Fledermausfisch
(Platax teira),
50 cm, Malediven*

Der schön gezeichnete Papageifisch
läßt sich von einem Putzerfisch
säubern, 50 cm, Malediven

Papageifische
(Scaridae)

Masken-Papageifisch
(Cetoscarus bicolor),
90 cm, Malediven

Blauband-Papageifisch
(Scarus ghobban),
75 cm, Malediven

Nahaufnahme eines
Papageifischauges
(Nachtaufnahme)

Nachtaufnahme eines
schlafenden indischen
Langnasen-Papageifisches
(Hipposcarus narid),
ca. 75 cm,
Rotes Meer/Ägypten

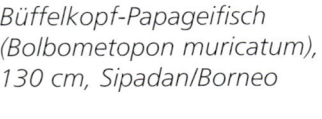

Büffelkopf-Papageifisch
(Bolbometopon muricatum),
130 cm, Sipadan/Borneo

Papageifische
(Scaridae)

Papageifische sind Korallenfresser und gehören damit zu den größten Sandproduzenten im Korallenriff. Sie schaben aber auch mit ihrem schnabelartigen Gebiß Algen und Seegras ab. Die tagaktiven Tiere schlafen nachts in Höhlen oder Spalten und produzieren einen Kokon, der einer Seifenblase gleicht und einen Geruchsschutz z.B. Muränen gegenüber darstellt. Die unterschiedlichen, schön gezeichneten Arten werden zwischen 20 - 130 cm groß.

Deutlich ist das kräftige schnabelartige Gebiß des Büffelkopf-Papageifisches zu erkennen.

*Perlmuräne
(Gymnothorax meleagris),
120 cm, Sulawesi/Indonesien*

Muränen
(Muraenidae)

*Geistermuräne
(Rhinmuraena quaesita),
120 cm, Sulawesi/Indonesien*

Geistermuränen sind die einzige Art, bei der es im Laufe ihres Lebens zu einer Geschlechtsumwandlung kommt. Ihr Aussehen ändert sich dabei völlig. Die zunächst schwarz aussehenden Jungtiere verändern sich ab einer Körperlänge von ca. 6o cm zu blau-gelben Männchen. Danach wandeln sie sich ab einer Körperlänge von etwa 9o cm, zu gelbgefärbte Weibchen um, die eine Größe von 12o cm erreichen können. Die an den Nasenöffnungen befindlichen blattartigen Hautfortsätze fallen bei den relativ seltenen Geistermuränen besonders auf.

Muränen
(Muraenidae)

Muränen unterscheiden sich von anderen Fischarten durch ihren langgestreckten und schlangenähnlichen Körper. Rücken-, Schwanz- und Afterflosse bilden dabei in den meisten Fällen einen Flossensaum, der den nachtaktiven Jägern die notwendige Schnelligkeit und Wendigkeit zum Beutemachen verleiht. Tagsüber halten sich die Tiere meistens in Höhlen oder Spalten versteckt. Die schuppenlosen, muskulösen Räuber werden völlig zu Unrecht als angriffslustig, giftig und furchterregend geschildert. Die versteckt lebenden Bodenbewohner können eine Körperlänge von rund 4 Metern erreichen (Riesen-Deltamuräne). Die relativ kleinen Kiemenöffnungen bewirken, daß die Wasserzirkulation durch Öffnen und Schließen des Mauls geschieht. Die vielen Zähne im Maul der Muräne sehen möglicherweise beängstigend aus, sind aber keine Drohgebärde. Die meist 45 - 15o cm langen Tiere ernähren sich von Krebstieren oder Fischen. Muränen werden zu besonders beliebten Fotomotiven, wenn sie sich von Putzergarnelen säubern lassen, die sich sogar furchtlos bis in das weit geöffnete Maul der Muräne hineinwagen, um diese von lästigen Hautparasiten zu befreien.

Rußkopf-Muräne
(Gymnothorax flavimarginatus),
120 cm, Malediven

Tintenfisch/Sepia (Decapoda),
40 cm, Sipadan/Borneo

Kopffüßer
(Cephalopoda)

Tintenfisch/Sepia (Decapoda),
40 cm, Mittelmeer

Die zehnarmigen Tintenfische oder Sepien kommen in praktisch allen Weltmeeren vor. Die lustig aussehenden Tiere sind gute, elegante Schwimmer, die dank ihres Flossensaums am hinteren Körper auch gleichzeitig sehr manövrierfähig sind. Zwei von ihren zehn Armen sind verlängert und dienen dazu, Beute zu fangen oder festzuhalten. Ihre Nahrung besteht aus Fischen, Krabben oder Garnelen. Ihre fast körpergroße kalkhaltige Schale (Schulp) verfügt über gasgefüllte Hohlräume und dient so als Auftriebsorgan. Den Schulp toter Sepien findet man verschiedentlich am Strand. Er wird gesammelt und in Vogelkäfige gehängt, wo er als Kalkzusatz zur Nahrung der Vögel dient.

*Ein achtarmiger Krake
(Octopus vulgaris)
hat Beute gemacht.
Die Barben erhoffen sich
Reste von der Mahlzeit,
Rotes Meer, Sinai/Israel*

Kraken
(Cephalopoda)

*Gut getarnt und mit dem
Untergrund fast verschmolzen:
Octopus im Mittelmeer*

Die achtarmigen Kraken mit ihren unzähligen Saugnäpfen an den Armen haben die bemerkenswerte Fähigkeit, ihre Körperfarbe und Struktur in kurzer Zeit zu verändern und sich damit dem Untergrund perfekt anzupassen. Dadurch bleiben sie für viele Freßfeinde unentdeckt. Bei Gefahr stoßen die Tiere ein tintenähnliches Sekret aus, dessen chemische Verbindungen oft auf potentielle Angreifer geruchslähmend wirkt. Der Krake hat dadurch wichtige Zeit gewonnen, seinen Verfolgern doch noch zu entwischen. Der Octopus ernährt sich überwiegend von Muscheln, Fischen und Krebstieren.

Tarnkünstler mit hochentwickelten
Augen: Octopus vulgaris
ist häufiger Bewohner
des Mittelmeeres
60 cm, Spanien

Ein Octopus
bewegt sich auf
seinen acht Armen
kriechend durch das
Riff und paßt sich dabei
optimal dem Untergrund
in Farbe und Struktur an.

Falterfische
(Chaetodontidae)

*Halsband-Falterfischschwarm
(Chaetodon colare),
18 cm, Malediven*

Falterfische
(Chaetodontidae)

Gestreifter Falterfisch
(Chaetodon lineolatus),
30 cm, Rotes Meer/Israel

Falterfische gehören zu den farbenprächtigsten Fischen, die die Korallenriffe aufweisen. Bunt wie Schmetterlinge durchstreifen die schöngezeichneten Fische einzeln oder auch paarweise die Korallengärten. Die Nahrungsspezialisten, die von Korallenpolypen, Anemonententakeln, Algen, Garnelen, Krabben oder Schnecken leben, weisen oftmals am hinteren Teil ihres Körpers dunkle "Augenflecke" auf. Diese stellen einen gewissen Schutz vor Freßfeinden dar, die sich oft an den Augen der vermeintlichen Beute orientieren, und die dann vor der Größe der "Augen" erschrecken.

Das Auge selbst wird oftmals durch Augenbindenstreifen, die über den Kopf hinweg verlaufen, geschützt. Noch größer wird die Überraschung der Angreifer, wenn sich das Opfer gewissermaßen in die falsche Richtung bewegt. Diesen Augenblick nutzen die hochrückigen Falterfische mit ihren seitlich flachen Körpern, um im Korallengewirr oder in Höhlen und Spalten zu verschwinden.

*Rotmeer-Winkelfalterfisch
(Chaetodon paucifasciatus),
14 cm, Rotes Meer/Israel*

*Sattelfleck-Falterfisch
(Chaetodon ephippium),
23 cm, Cocos Keeling/Australien*

*Tränentropfen-Falterfisch
(Chaetodon unimaculatus),
20 cm, Malediven*

*Schwarzstreifen-Falterfisch
(Chaetodon meyeri),
18 cm, Sipadan/Borneo*

*Orangestreifen-Falterfisch
(Chaetodon ornatissimus),
20 cm, Sipadan/Borneo*

*Tabakfalterfisch
(Chaetodon fasciatus),
22 cm, Rotes Meer/Ägypten*

*Bennettsfalterfisch
(Chaetodon bennetti),
20 cm, Sipadan/Borneo*

*Gelber Pyramidenfalterfisch
(Hemitaurichthys polylepis),
18 cm, Christmas Island/Australien*

Masken-Falterfisch
(Chaetodon semilarvatus),
25 cm, Rotes Meer/Ägypten

Masken-Falterfischschwarm
im Roten Meer/Ägypten

Ausgewachsener Imperatorkaiserfisch
(Pomacanthus imperator),
40 cm, Rotes Meer/Israel

Kaiserfische
(Pomacantidae)

Imperatorkaiserfisch
im Jugendkleid,
10 cm Malediven

Kaiserfische sind praktisch in allen tropischen Meeren verbreitet. Die hochrückigen Schönlinge sind oft prächtig gezeichnet. Kaiserfische in der Jugendform sehen ihren Eltern nicht annähernd ähnlich. Wissenschaftler hielten sie zunächst sogar für eine eigene Art. Man geht davon aus, daß das unterschiedliche Farbkleid das Angriffsverhalten der Eltern gegenüber dem eigenen Nachwuchs unterbindet. Kurz vor der Geschlechtsreife beginnt die Umfärbung, die in der Regel wenige Wochen dauert. Die 30 - 50 cm großen Tiere ernähren sich von Algen, Schwämmen und anderen festsitzenden Organismen.

Imperatorkaiserfisch in
fortgeschrittener Jugendform,
15 cm, Malediven

Blaukopf-Kaiserfisch
(Pomacanthus Xanthometopon),
45 cm, Malediven

Halbmond-Kaiserfisch
(Pomacanthus maculosus),
50 cm, Rotes Meer/Ägypten

Portrait eines Blaukopf-Kaiserfisches
(Pomacanthus xanthometopon),
45 cm, Malediven

Sechsbinden-Kaiserfisch
(Pomacanthus sexstriatus),
45 cm, Sipadan/Borneo

Pfauenkaiserfisch (Pygoplites
diacanthus),
25 cm, Malediven

Hübsches Kaiserfisch-Pärchen
in der Baja California/USA

*Korankaiserfisch
(Pomacanthus
semicirculatus),
40 cm, Seychellen*

Grauer Kaiserfisch
(*Pomacanthus arcuatus*),
35 cm, Kuba/Karibik

Doktorfische
(Acanthuridae)

Arabischer Doktorfisch
(Acanthurus sohae),
40 cm, Rotes Meer/Ägypten

Weißkehl-Doktorfisch
(Acanthurus leucosternon),
23 cm, Malediven

Masken-Nasendoktorfisch
(Naso vlamingi), 50 cm, Sipadan/Borneo

Blauklingen-Nasendoktorfisch
(Naso unicornis), 70 cm, Rotes Meer/Ägypten

Pferdekopf-Nasendoktorfisch
(Naso fageni), 80 cm, Malediven

Indischer Segelflosser
(Zebrasoma desjardinii),
40 cm, Rotes Meer/Israel

Schärpennasen-
Doktorfisch
(Naso brevirostris),
60 cm, Seychellen

Großdornhusar
(Sargocentron spiniferum),
45 cm, Malediven

Soldaten-
fische
(Holocentridae)

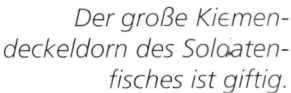

Der große Kiemen-
deckeldorn des Soldaten-
fisches ist giftig.

Auge in Auge mit dem filmenden Taucher: Eine unechte Karettschildkröte, 100 cm, Rotes Meer/Ägypten

Meeres-
Schildkröten
(Cheloniidae)

Für Taucher ist die Begegnung mit den Meeresschildkröten immer wieder ein spannendes Erlebnis. Die artengeschützten, harmlosen Reptilien, die Lungenatmer sind, müssen regelmäßig an die Wasseroberfläche kommen, um Luft zu holen. Sie bewegen sich schnell und geschickt mit ihren paddelartigen Schwimmfüßen durch das Wasser. Die Kopulation der Tiere findet in küstennahen Gewässern statt. Danach schwimmen die Weibchen zu ihrem Geburtsort an den Strand, legen und vergraben ihre Eier, die von dem sonnenerwärmten Sand ausgebrütet werden. Nach dem Schlüpfen sind die kleinen Schildkröten sich selbst überlassen: Sie krabbeln so schnell wie möglich zum nahen Meer, um ihren Überlebenskampf aufzunehmen.

*Portrait einer
Suppenschildkröte,
Sipadan/Borneo*

*Eine Karettsschildkröte hat sich in
einer Schwarzen Koralle versteckt,
Sipadan/Borneo*

*Rochenei in einer Koralle,
Mittelmeer*

Während Stech-, Geigen- oder Torpedorochen, die elegant und mit wellenförmigen Bewegungen schwimmen, und somit zu den typischen Bodenbewohnern zählen, gehören Mantas und Adlerrochen mit ihren flügelartigen Brustflossen zu den schnellen Schwimmern. Sie scheinen geradezu durch das Wasser zu „fliegen". Die meisten Stechrochen werden 60 - 180 cm lang, Adlerrochen bis 250 cm und Mantas bringen es sogar auf eine Spannweite von 6,50 Metern. Stechrochen besitzen ein bis zwei Giftstacheln mit Widerhaken an ihrem peitschenförmigen Schwanz, die gefährliche Verletzungen verursachen können. Da die Tiere sich auf ihre Tarnung verlassen und kaum Fluchtverhalten zeigen, ist es ratsam, besonders auch im Flachwasser Obacht zu geben.

Rochen
(Batoidea)

Blaupunkt-Stechrochen
(Taeniura iymma),
95 cm breit, 130 cm lang,
Sudan

Ein Stechrochen
wird in der
Baja California
gefilmt

Großer Stechrochen

Die angefütterten Rochen vor Grand Cayman sind sehr zutrauliche Tiere.

Tanz der Rochen vor Grand Cayman

Stechrochen in
„Stingray City"/Karibik

Haie
(Carcharhinidae)

*Leopardenhai
(Stegostoma fasciatum),
250 cm, Sinai/Ägypten*

*Ein Schiffshalter
(Echeneis naucrates)
versucht, sich mit
seiner Saugscheibe an
dem schön gezeichneten
Leopardenhai festzusaugen.*

Graue Riffhaie
(Carcharhinus amblyrhynchos),
230 cm, Malediven

Graue
Riffhaie

Weißspitzen Riffhai
(Triaenodon obesus),
210 cm, Cocos Keeling/Australien

Haie
(Carcharhinidae)

Seit mehr als 300 Millionen Jahren leben Haie in den Ozeanen. Die faszinierenden, eleganten Jäger mit ihren torpedoähnlichen, dem Wasser perfekt angepaßten Körpern sind beeindruckende Tiere. Sie verfügen über ausgeprägte und bewundernswerte Sinnesorgane. Im Kopfbereich befinden sich hochempfindliche Nervenenden in den punktförmigen Vertiefungen der Haut, die feinste Vibrationen im Wasser wahrnehmen und unterscheiden können. So sind sie in der Lage, schnell und präzise zu erkennen, ob ein zappelnder Fisch zur Beute werden könnte. Das in mehreren Zahnreihen nachwachsende, furchterregende Gebiß kann große Wunden schlagen und hat die schnellen Schwimmer bei vielen Menschen in Verruf gebracht.

Ein Grauer Riffhai
(Carcharhinus
amblyrhynchos)
umstreift neugierig
die Taucherin

152

*Hammerhai
(Sphyrna lewini),
350 cm, Rotes Meer/
Ägypten*

Blauhai
(Prionace glauca),
230 cm,
Baja California/USA

Portrait eines Blauhais,
Baja California/USA

Körperlänge von mehr als 12 Metern erreichen. Beim Schwimmen bewegen sich die riesigen Tiere relativ langsam. Sie scheinen jedoch bei ihren großen Wanderungen vom
Planktonangebot abhängig zu sein.

Die Planktonfiltrierer begegnen Tauchern oftmals neugierig und sind bei vorsichtigem
Verhalten wenig scheu. Wenngleich ihr kräfti-
ger Körper mit dem auffallend breiten Kopf
und dem großen, breiten Maul respektein-
flößend wirkt: Die kleinen Zähne sind lediglich geeignet, kleine Nahrung wie Plankton
oder Krill aufzunehmen.

Hai - Lights

Delphine auf der Jagd! Bis in die Flußmündungen verfolgen die schnellen Jäger die Beute-fische, die in höchster Not aus dem Wasser schnellen, um ihren Häschern zu entkommen.

Delphine
(Cetacea)

Delphine gehören zu den intelligenten Tieren, Eilat/Israel

Ein neugieriger und verspielter Delphin läßt sich als Fotomodell von den Tauchern auf den Bahamas ablichten.

Aufmerksam werden die Taucher von dem Delphin beobachtet

*Die freundlichen Delphine
spielen mit den Tauchern*

Delphine
(Cetacea)

Die beliebten und sympathischen Wasserartisten, die uns in Delphinarien mit ihren Kunststücken begeistern, sind Säugetiere, die sich dem Wasser perfekt angepaßt haben. Die zu den Zahnwalen gehörenden Tiere sind in erster Linie Fischfresser. Man trifft sie auch häufig in größeren Verbänden (Schulen) an, wo sie oft gemeinsam jagen. Es bereitet ihnen offensichtlich Vergnügen, Schiffe zu begleiten und in deren Bugwellen zu reiten. Die intelligenten Tiere mit ausgeprägtem Sozialverhalten verständigen sich untereinander mit einem hochentwickelten Lautsystem. Durch abgegebene Klicklaute erzeugen sie sogar „Hörbilder" ihrer Umgebung und ihrer möglichen Beute.

Wale
(Cetacea)

Wale gehören zu den Säugetieren, die mit ihren hochspezialisierten Körperformen bestens an das Leben im Wasser angepaßt sind. Zum Atmen müssen die Tiere in unterschiedlichen Intervallen an die Wasseroberfläche kommen, um Luft zu holen. Jedes Jahr verlassen die gewichtigen Meeresbewohner die nährstoffreichen Gründe polarer Meere, um in ihre Fortpflanzungsgebiete tropischer Meere zu gelangen. Nach der Paarung und der Geburt des Nachwuchses kehren die inzwischen geschwächten Mütter mit ihren Familien in die Polargewässer zurück, wo das Nahrungsangebot größer ist. Einige Arten sind im Laufe der Evolution zu Nahrungsspezialisten geworden. Die riesigen Tiere verloren ihre Zähne und entwickelten stattdessen hornartige Barten, mit deren Hilfe sie Krill aus dem Wasser ausseihen können, der Ihnen als Hauptnahrung dient.

*Portrait eines
Südlichen Glattwals*

Die beiden verspielten Seelöwen
toben in der Brandungszone
Baja California/USA

Neugierig schwimmt das
Jungtier auf den Fotografen zu.

Seelöwen

Die Seelöwen in der
Baja California legen es
geradezu darauf an,
Kontakt zu den Tauchern
herzustellen, um mit
ihnen zu spielen.

Seelöwen, Seebären, Seehunde und Walrosse gehören zu den Robben (Pinnipedia). Die meisten von ihnen bewohnen die Küstengewässer vom Äquator bis zu den Polen. Dort trifft man die an Land relativ unbeholfenen Tiere auf Sandbänken, Inseln, Eisfeldern oder auf Eisschollen. Die amphibischen Säuger, die ihr Leben an Land und im Wasser verbringen, sind dort geschickte und ausdauernde Jäger, die den Fischen, Kraken und Krebsen erfolgreich nachstellen.

Interessiert wird der Taucher von dem Seelöwen beäugt.

Spielende und jagende Seelöwen in der Baja California

Die wendigen und verspielten Tiere suchen oft sogar den Kontakt zu den Tauchern. Während Seeleoparden und Rossrobben weitgehend solitär leben, sind andere Robbenarten, wie See-Elefanten oder auch Seelöwen, insbesondere in der Paarungszeit in Gruppen oder großen Herden anzutreffen.

Der Seelöwenbulle nähert sich neugierig dem Taucher.

Bereits seit Anfang des Jahrhunderts stehen Manatees in den USA unter strengem Schutz. Die Population dieser gutmütigen „Wonneproppen" sinkt ständig. Das Verschwinden ihres Lebensraumens und Unfälle mit Motorbooten dezimieren die Manatee-Bestände drastisch.

Taucher im Süßwasser der Quelltöpfe in Florida

Ausgewachsene Manatees erreichen eine Körperlänge von über vier Metern und ein Gewicht von mehr als 1.600 kg. Die geselligen Tiere verfügen über eine dicke Speckschicht, die sie vor Kälte schützt.

Außergewöhnliche Meeresbewohner

Harlekin-Geisterpfeifenfisch
(Solenostomus paradoxus),
12 cm, Sipadan/Borneo

Schön gezeichnete
Seegurke,
35 cm, Bali

Noppen-Seegurke (Stichopus horrens),
45 cm, Sulawesi/Indonesien

Nattern-Plattenschwanzseeschlange
(Laticauda colubrina),
120 cm, Sulawesi/Indonesien

*Seegrasfeilenfisch
(Acreichthys tomentosus),
10 cm, Mabul/Borneo*

*Schriftfeilenfisch
(Aluteres scriptus),
100 cm, Kuba*

*Haariger Frog- oder
Anglerfisch, 10 cm,
Sulawesi/Indonesien*

Verschiedene Fischarten halten sich zwischen
den Stützpfeilern des Bootsanlegers auf.

Reges Leben herrscht bereits am
Bootsanleger, Bonaire/Karibik

Das große Passagierschiff ist vor den
Antillen auf ein Riff aufgelaufen.

Wrack-
tauchen

Abtauchen zu neuen
Abenteuern

Wrack der
"Maldive Victory"
vor Male/Malediven

Wrack-tauchen

Wenngleich Wracks ein eher trauriges Kapitel darstellen, sind sie aber auch gleichzeitig interessante Fotomotive für Unterwasser-Fotografen.

Die eisernen Speichen eines Rades sind von farbenprächtigen Weichkorallen besiedelt.

Nur das spärliche Gerippe eines ehemaligen Schiffes ist noch zu sehen. Jetzt ziert Korallenbewuchs die halbverrotteten Spanten.

Malerisch haben sich verschiedene Korallenarten an den Aufbauten des Wracks festgesetzt.

Ein Wrack vor den Bahamas bildet eine erstklassige Kulisse für Fotografen.

177

Ein Taucher nähert sich der Schraube eines größeren Schiffes.

Schiffsschraube eines größeren Wracks vor Bonaire/Karibik

An einem "schwarzen Freitag", dem 13. Februar 1981 sank die "Maledive-Victory" direkt vor der Hafeneinfahrt der Malediven Hauptstadt Male. Heute ist das Wrack ein beliebtes Tauchziel für Unterwasser-Fotografen.

Unterwasser-
Impressionen

Eine junge Kelppflanze
hat sich auf dem felsigen
Untergrund festgesetzt.
Sie kann, wenn sie ausge-
wachsen ist, eine stattliche
Länge von 50 Metern
erreichen.

In den Kelpwäldern vor
St. Catalina Island/Kalifornien

Das Tauchen im Kelpwald ist ein besonderes Erlebnis, St. Catalina Island/Kalifornien

Tauchen im Kelp

Die zu den Braunalgen gehörenden Tange kommen in den gemäßigten, 5 - 22° C warmen Gewässern vor. Die Tangwälder, die ihr Leben als mikroskopisch kleine Sporen beginnen, können pro Tag bis zu 30 cm wachsen und eine Höhe von mehr als 50 Metern erreichen. Sie beherbergen eine vielgestaltige Fauna und Flora. Fischen, Krabben, Seeot-tern, Seeigeln, aber auch Seescheiden und Schwäm-men bieten sie Schutz und Nahrung. An der Basis der meisten Tangwedelarten befinden sich luftgefüllte Schwimmblasen, die dem Kelp Auftrieb verleihen. Die Kelppflanze verankert sich mit wurzelartigen Haftorganen am felsigen Boden.

Die Tiefsee

*U-Boot Einstieg,
Grand Cayman/Karibik*

*Ein Klein-Unterseeboot
das Tauchfahrten in die
Tiefsee unternimmt
Grand Cayman /Karibik*

*In rund 300 Meter Tiefe
liegt dieses Wrack vor
Grand Cayman auf Grund.*

Riesige Horn-
korallen-Fächer,
für den Sport-
taucher uner-
reichbar, haben
sich in der Tief-
see gebildet.

Die
Tiefsee

*Große
Haarsterne
der Tiefsee*

Zum Ausklang

Ein Dank an die Mitwirkenden!

Nun ist der Bildband nach Wochen und Monaten der Vorbereitung endlich fertig geworden. Die Arbeit und Mühen sind vergessen - die bisherige Anspannung weicht langsam und macht einem Gefühl der Freude über die geleistete Arbeit Platz.

Deshalb ist es nun an der Zeit, Dank denen auszusprechen, die am Ende dieser Bilderreise durch den wundervollen und faszinierenden "Planeten Meer" mit dazu beigetragen haben, daß dieses Buch überhaupt entstehen konnte.

Ein besonderer Dank gebührt meinen Freunden und Bildautoren Hilmar Graulich und Utz Langhoff, die mit mir gemeinsam Tausende von Bildern am Leuchttisch oder an der Leinwand vorsortiert und ausgesucht haben. Die Bildauswahl wurde gestalterisch in hervorragender Weise von Kathrin und Eckhard Grote in Szene gesetzt. Brigitte "Gitti" Pfaff hat einige Bilder zur Verfügung gestellt, über die ich mich ebenfalls sehr gefreut habe. Irmgard Graulich hat die Koordination des deutschen Textes und der lateinischen Fachbegriffe übernommen, während Antje Welp und Thilo Köpsel bei der Textbearbeitung und Korrektur behilflich waren.

Ein herzliches Dankeschön geht an meine Mitarbeiterin Dunja Brückmann, die den Text dieses Buches zu Papier brachte und die auch in der allergrößten Hektik stets die nötige Ruhe bewahrte.

Allen anderen Personen, die an der Herstellung dieses Bildbandes in irgendeiner Weise beigetragen haben und die hier nicht genannt sind, danke ich auf diesem Wege.

Bildnachweis:
Brigitte Pfaff
99 o., 142 o.,
143, 155 u. + 177 o.l.
Gerard Soury
57, 65, 122,
144/145 + 146/147
Frank Wirth
81 u., 84 u. + 129

Im Krone Verlag sind weitere Bildbände erschienen:

Im Reich der Pinguine,	Bronny,	1997	deutsch	ISBN: 3 - 9805289-5-2
Im Reich der Delphine,	Wirth,	1998	deut./engl.	ISBN: 3 - 933241-01-4
Im Reich der Wale,	Wirth,	1998	deut./engl./span.	ISBN: 3 - 933241-00-6
Dampflok Atmosphäre,	Gareis,	1997	deutsch	ISBN: 3 - 9805289-6-0
Dampflok Alltag,	Gareis,	1997	deutsch	ISBN: 3 - 933241-05-7

Diese Bücher sind im Fachhandel zu beziehen oder können direkt beim Krone Verlag bestellt werden.

Krone Verlag

Waldstraße 2a

42799 Leichlingen

Tel.: 02174 - 798055/56

Fax: 02174 - 798054